JN256047

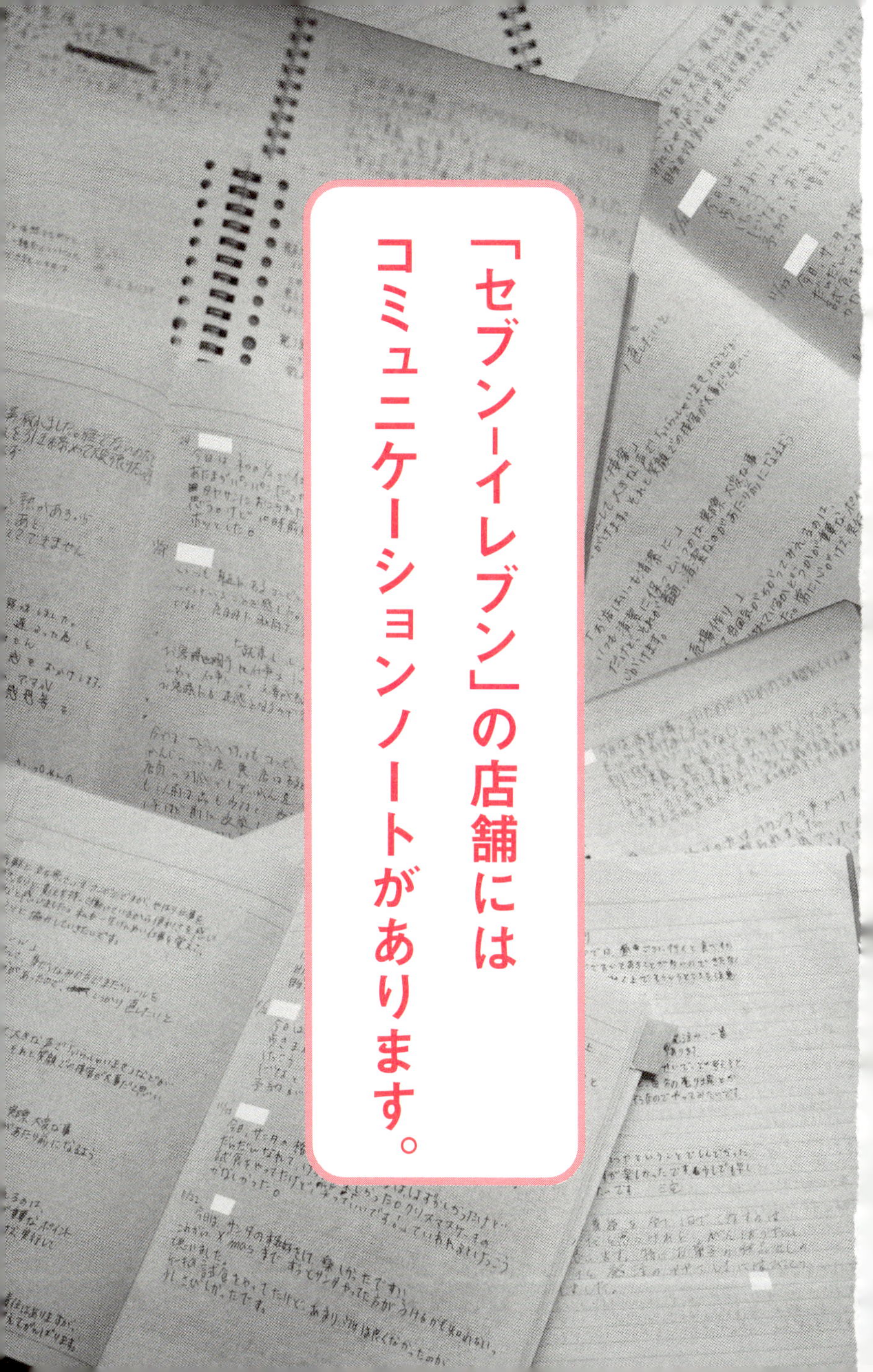

「セブン-イレブン」の店舗には
コミュニケーションノートがあります。

HOW TO TAKE NOTEBOOKS

研修初日にノートを書かせる

高校生
島崎 はるな

Point 1
責任感と自己判断に興味を示す

やりがいという言葉からわかるように発注精度が高く、数値状況が把握できる計数管理型に成長した

Point 2
覚えようという意識がある

接客六大用語から学び無駄のない接客をこなす

Point 3
お店のイメージがある

イイ感じの雰囲気のお店というように売り場の作成がとてもうまくなった

結果! 3年以上勤務し、夕方時間帯リーダーに

＊ あなたは信頼できるパートナー

だいたいの事は分かってるつもりでいけてたけど、こんなにお客様の立場になっていろいろと考えていることは知らなかった。決められたことをするだけじゃなく、自分で判断して責任を持ってやっていけたら、どれだけやりがいのある仕事なんやろう。って感じです。このビデオを見て、私も早く一人前になりたいと思いました。

＊ 就業ルール

接客六大用語はすごい意味のあることなんやぁ。ってすごい思った。

あれをすることによって仕事に切り換えれるってすごい思った。

あと、これからは本当に時間を守りたいと思います。お客様の為にも他の従業員の方にもめいわくをかけないよう頑張ります。

＊ 心のこもったおもてなし接客

このビデオを見て、常にお客様の立場になって行動することが大切だと分かりました。今までの自分の経験で、感じ良いと思ったこと、感じ悪いと思ったことをおもい出して、すごいイイ感じのふんいきのお店にしたいです。

＊ お店はいつも清潔に

私もそうじってすごい大切なことだと思います。当たり前のことといえばそうやけど、その当たり前のことが~~できていない所も~~できているかできていないかで、すごい差があると思います。自分はそうじするのが好きな方なんで、進んで取りくみたいと思います。

＊ 魅力ある売場作り

これはすごい感心した。本当にきちんと並んでると感じがいいし、残り物ってゆう気もしないと思った。1度には全部覚えることはできないかもしれんけど、少しずつ気が付くようになりたいです。

＊スタッフ名はとあるセブン-イレブン店の架空のスタッフです。

HOW TO TAKE NOTEBOOKS

研修初日にノートを書かせる

高校生 長澤なな子

Point 1

働く意識が高い

自らこういうお店では良くないと提案があると同時に知らないことも積極的に学びたい意欲がわかる

Point 2

接客に強い興味

お客様目線で語れることから、フレンドリーな接客リーダーになり現場の盛り上げ役のサポーターとして成長した

Point 3

あいさつにフォーカス

感じのいいあいさつは、お客様とのコミュニケーションの第一歩。セールストークがうまいことを感じさせる

結果! 3年以上勤務し、夕方時間帯責任者に

※ あなたは信頼できるパートナー

接客がすごい大切だと分かった。接客態度が悪いと
もうそのお店には行きたくなくなるし、お客さんも減って
いって成り立たなくなるかもしれない。やっぱり親切に応たい
してもらったり、感じのいいあいさつはうれしいし、また来たくなる
と思う。ゴミひろいやそうじなどでも店のふいんきが決まるし、
きちんとしなあかんと思う。発注のことはまだよく分からないけど
このお店に必要とされた限り、がんばろうと思う。

※ 就業ルール

服装やみだしなみでそのお店のイメージが変わってくると思う。化粧
が濃い定員さんはやっぱり何かイヤだし、イメージが悪い。
そして一番大事なのは勤務時間を守ること。お客さんやいっしょに
働く人たちにもすごくメーワクがかかるし、お店や自分の信用まで
なくなる。これは絶対守らなければいけない。勤務中の私語
は本当にアカンと思う。　さいあく!!! 私語しながら
レジうってて かなりイメージわるい!! それで分かった。私語アカン!

※ 心のこもったおもてなし接客

おはしやスプーン、ストローは絶対なかったらお客さんが困ると思う。
わざわざ取りに戻るのも面倒やし(お客さんが)。
ジュースとあたためたお弁当は別々にしてほしいので別々にして
くれていたらうれしい。おつりを返す時はお札と小銭は別々にする。
やっぱり正確さが必要。おつりは少なかってもアカンし、多くてもあ
かん。信用もなくなる。

HOW TO TAKE NOTEBOOKS

研修初日にノートを書かせる

主婦 鈴木まさみ

Point 1

文章構成がうまい

字には性格が表れるというが、まじめな印象を受ける

Point 2

成長意欲が高い

働く意欲が増しているということはスタッフとしてのびることを意味する

Point 3

接客にフォーカス

さりげなく気配りができる意識からかフレンドリーな接客とセールストークがうまいスタッフに成長した

Point 4

お店づくりにフォーカス

気持ち良く買い物してほしいという意識が売り場作成をうまくさせた。また発注業務もこなすようになった

結果! 3年以上勤務し、育成スタッフに

① あなたは信頼できるパートナー

食品を扱うだけに、やはり、清潔感、又、安全性には十分気を配る心掛けはしていたつもりでしたが、今までと違う所は、多くのお客様と関係してくるというところでした。お大きな声で元気よくというのは特に頑張っていかなくてはと思います。お客様の立場という事をいつも頭に置いてやっていきたいです。

② 就業ルール

~~新鮮~~ 働く意欲が増してきました。働くってやはりいいです。

③ 心のこもったおもてなし接客（フレンドリーサービス）

気配りというのは、本当に難しいと思いました。その場に応じた気配りがさりげなくできるよう努力します。

④ お店はいつも清潔に（クリンリネス）

清潔感というのは身だしなみ、接客だけでなく、そうじも大切だと思いました。買い物かごのそうじまでは、気づきませんでした。でもビデオを見て、当然の事なんだと分かりました。

⑤ 魅力あるお店づくり（フェイスアップ）

ここには沢山の気配りがありました。いつも何げなく自分がお客で買いに来ている時、気持ちよく買い物ができるのも、このフェイスアップが大きいと思いました。私のこちらのお店での第一印象が、商品がいつもきれいに並べられているという印象だったので特にそう思います。早く、色々な仕事を覚えててきぱきと働ける様になりたいと思います。

HOW TO TAKE NOTEBOOKS

書くことでチームワークを認識する

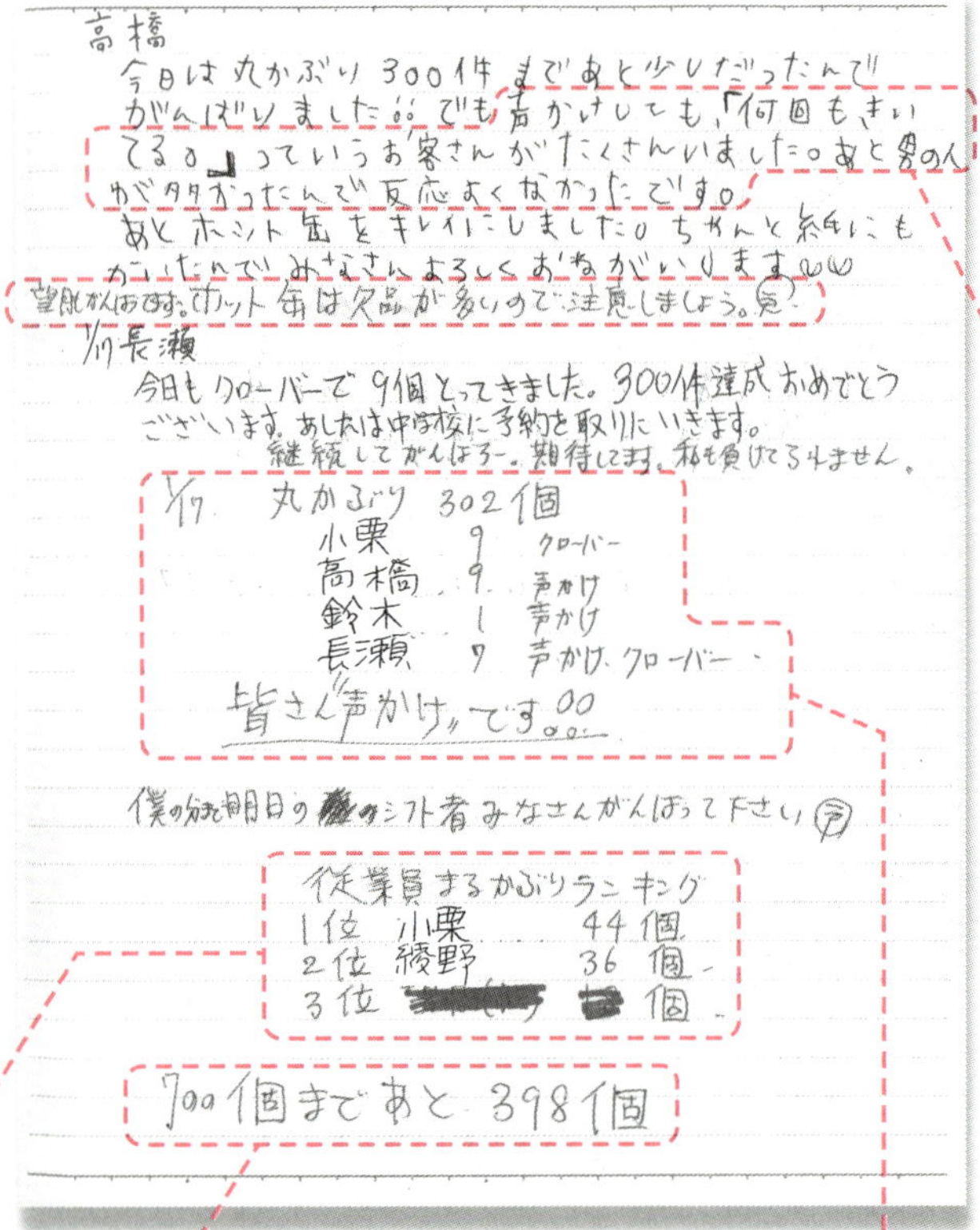
高橋
今日は丸かぶり300件まであと少しだったんでがんばりました!! でも声かけしても、「何回もきいてる。」っていうお客さんがたくさんいました。あと男の人が多かったんで反応よくなかったです。
あとホシント缶をキレイにしました。ちゃんと紙にもかいたんでみなさんよろしくおねがいします。
望月がんばれます。ホット缶は欠品が多いので注意しましょう。
1/17 長瀬
今日もクローバーで9個とってきました。300件達成おめでとうございます。あしたは中学校に予約を取りにいきます。
継続してがんばろー。期待してます。私も負けてられません。

1/17 丸かぶり 302個
小栗 9 クローバー
高橋 9 声かけ
鈴木 1 声かけ
長瀬 9 声かけ、クローバー
皆さん"声かけ"です。

僕の分も明日の[redacted]のシフト者みなさんがんばって下さい

従業員まるかぶりランキング
1位 小栗 44個
2位 綾野 36個
3位 [redacted] [redacted]個

700個まであと398個

Point 1
声かけの効果を書く

声かけ（セールストーク）を挑戦した結果、反応がよくないお客様がいることがわかる

Point 2
具体的な数字を書く

クローバーとは店の外でチラシを配ること。獲得件数を書くことで本人もふり返りになり、他スタッフと目標を共有できる

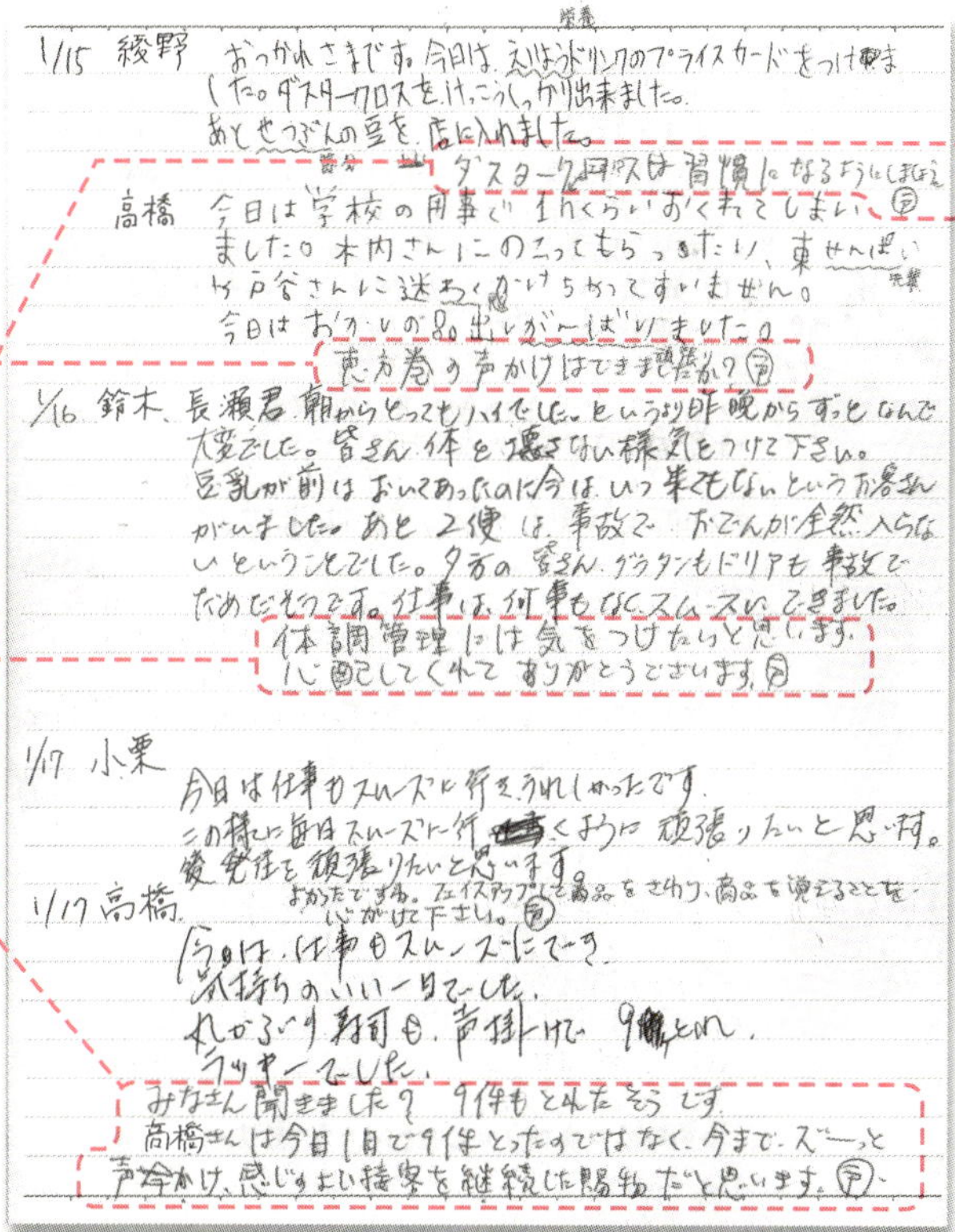

Point

3

コメントは指導スキルを上げる

社員もコメントを入れてほめる、意識づけの指導スキルが磨かれる。SVになったときに役立つ

Point

4

ランキングをする

スタッフの予約数の順位をつけて見える化にする。他のスタッフにやる気と意識づけができて、声で伝えにくいことも共有できる

Point

5

最終ゴールを書く

達成感からくるマンネリを防ぐために最後に店長または社員が最終ゴールを書いて引き締める

HOW TO TAKE NOTEBOOKS

書くことでチームワークを認識する

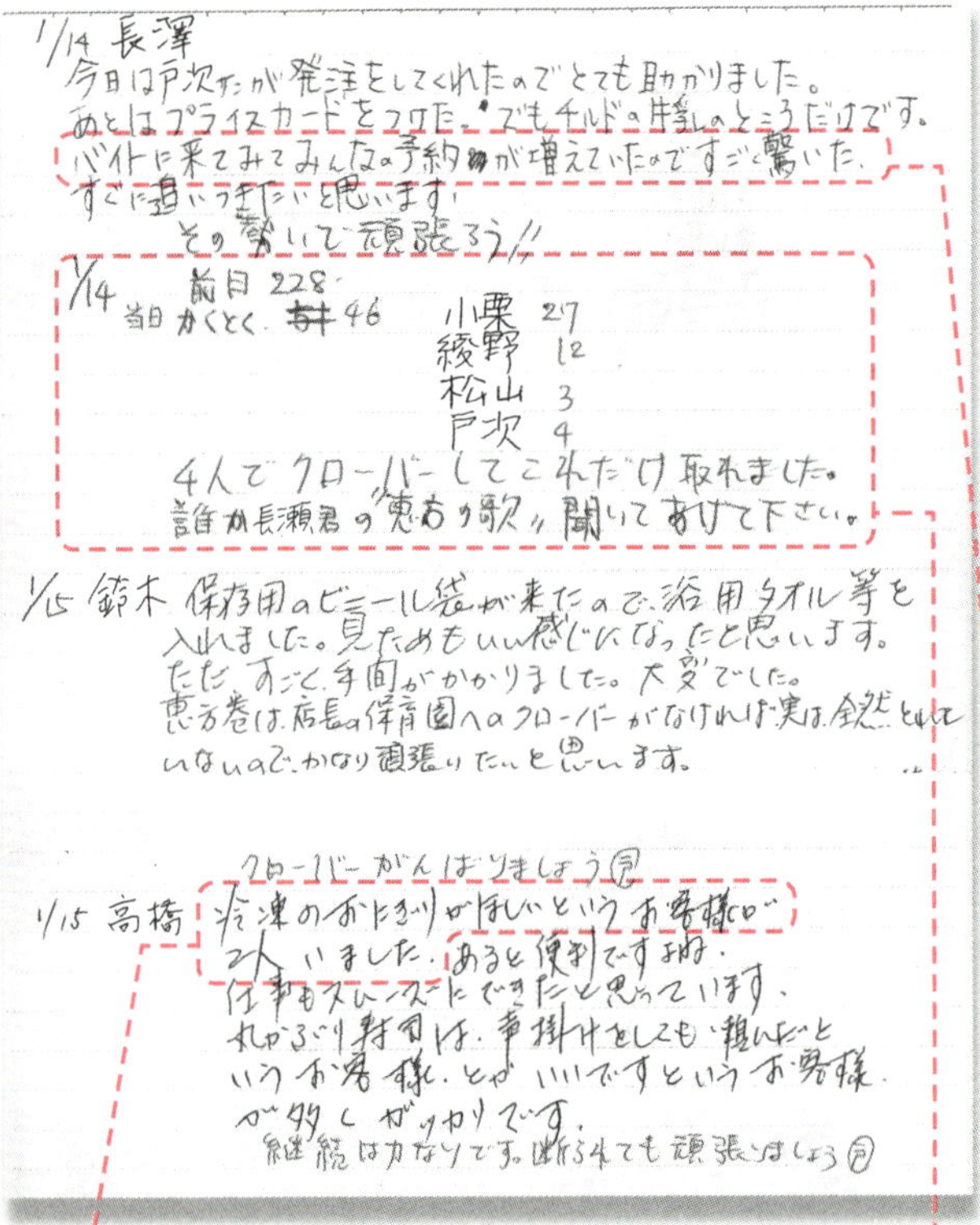
1/14 長澤
今日は戸次さんが発注をしてくれたのでとても助かりました。
あとはプライスカードをつけた。でもチルドの陳列のところだけです。
バイトに来てみてみんなの予約数が増えていたのですごく驚いた。
すぐに追いつきたいと思います！
その勢いで頑張ろう!!

1/14 前日 228
当日かくとく ~~46~~ 46
小栗 27
綾野 12
松山 3
戸次 4
4人でクローバーしてこれだけ取れました。
誰か長瀬君の"恵方の歌"聞いてあげて下さい。

1/15 鈴木 保存用のビニール袋が来たので、浴用タオル等を入れました。見ためもいい感じになったと思います。

ただ、すごく手間がかかりました。大変でした。

恵方巻は店長の保育園へのクローバーがなければ実は全然とれていないので、かなり頑張りたいと思います。

クローバーがんばりましょう

1/15 高橋 冷凍のおにぎりがほしいというお客様が2人いました。あると便利ですよね。

仕事もスムーズにできたと思っています。

丸かぶり寿司は、声掛けをしても難しいだというお客様、とかいいですというお客様が多くガッカリです。

継続は力なりです。断られても頑張りましょう

Point 1
他スタッフの数を意識する

予約数をノートに書きこむだけで、他のスタッフへの良い刺激になっている

Point 2
数を書く

クローバーの効果を前日と当日で比較させて、チーム力を見せる。スタッフの予約成果を見せることは、社員にそれだけ貢献を求められると同時に意欲を高めることになる

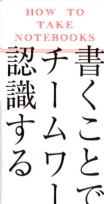

Point
3
問いかけをする

どうして廃棄が多かったのか（仮説）を問いかけるだけで、発注の際に良い検証のきっかけになる。店長は仮説と情報を生かし、現場が活きるような指導を心がけてフィードバックする

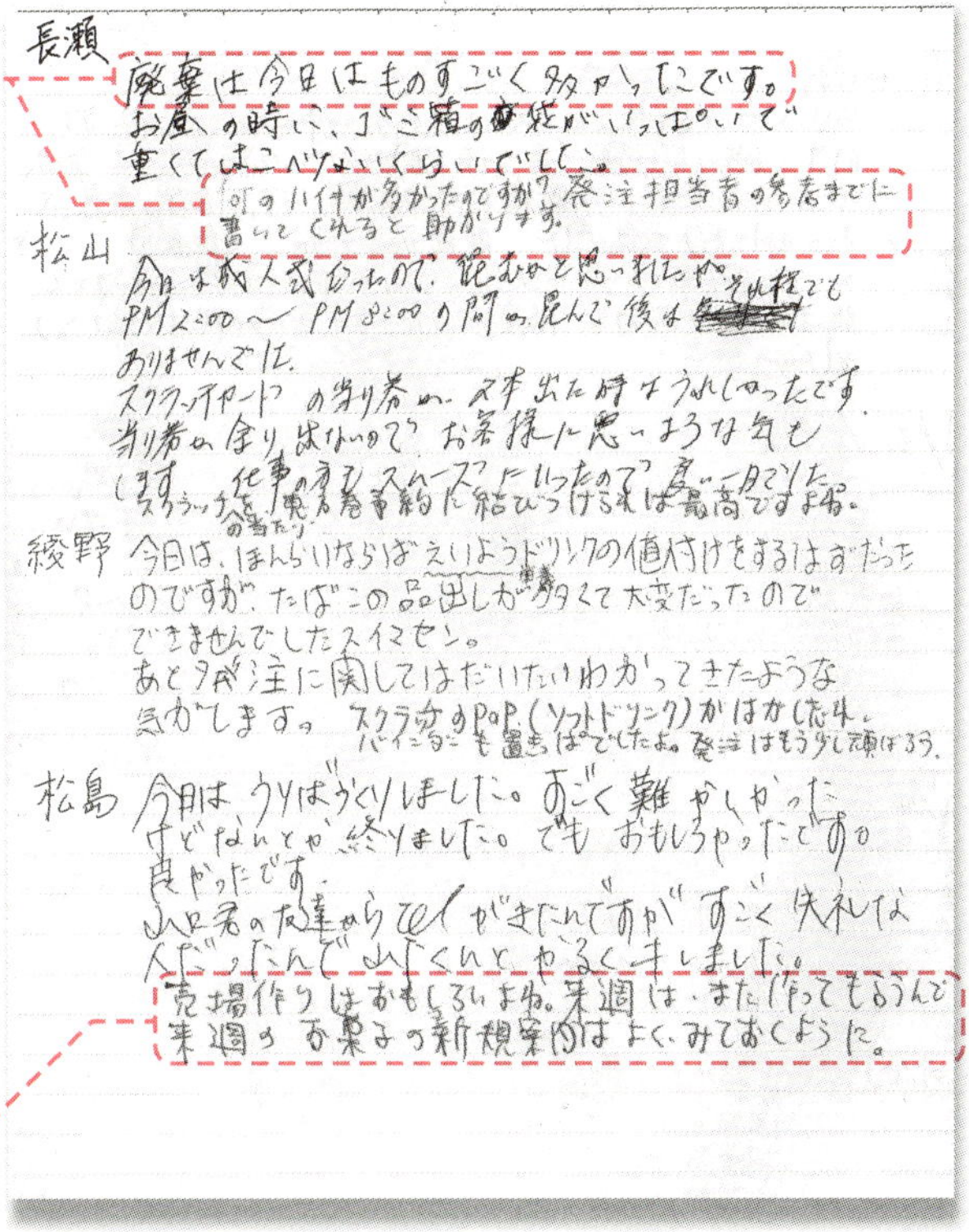
長瀬
廃棄は今日はものすごく多かったです。
お昼の時に、ゴミ箱の袋がいっぱいで
重くてはこべないくらいでした。
何の日付が多かったのですか？発注担当者の参考までに
書いてくれると助かります。

松山
今日は成人式なったので、混むかと思われたが
PM2:00〜PM8:00の間が混んで後はそれ程でも
ありませんでした。
スクラッチカードの割引券が2本出た時はうれしかったです。
割引券が余り出ないのでお客様に悪いような気も
します。仕事の方もスムーズにいったので良い一日でした。
スクラッチを合計当たり売上高増に結びつけられれば最高ですよね。

綾野
今日は、ほんらいならばえいようドリンクの値付けをするはずだった
のですが、たばこの品出しが多くて大変だったので
できませんでしたスイマセン。
あと発注に関してはだいたいわかってきたような
気がします。スクラ方のPOP（ソフトドリンク）がはがれてたよ。
バイになにも置きっぱでしたよ。発注はもう少し頑張ろう。

松島
今日はうりばづくりしました。すごく難しかった
けどなんとか終りました。でもおもしろかったです。
良かったです。
山口君の友達からTELがきたんですがすごく失礼な
人だったんで山口くんとかるく　しました。
売場作りはおもしろいよね。来週は、また作ってもらうんで
来週の お菓子の新規案内はよく、みておくように。

Point
4
ほめて次の目標を書く

次の作業のおもしろさへつなげるためのほめる指導コメントは必ず書く。スタッフの指針が定まる

Point
5
お客様の希望を書く

どんな要望でもお客様の要求を書くだけで、発注の際のみならず、本社への希望を出せる

HOW TO TAKE NOTEBOOKS

売れる仕組みをシェアする

Point 1

業務したことを書く

発注のほかにPOP作業も習得したことが確認できる。書くことがない場合はお客様の行動を書くことでも良いと指導する

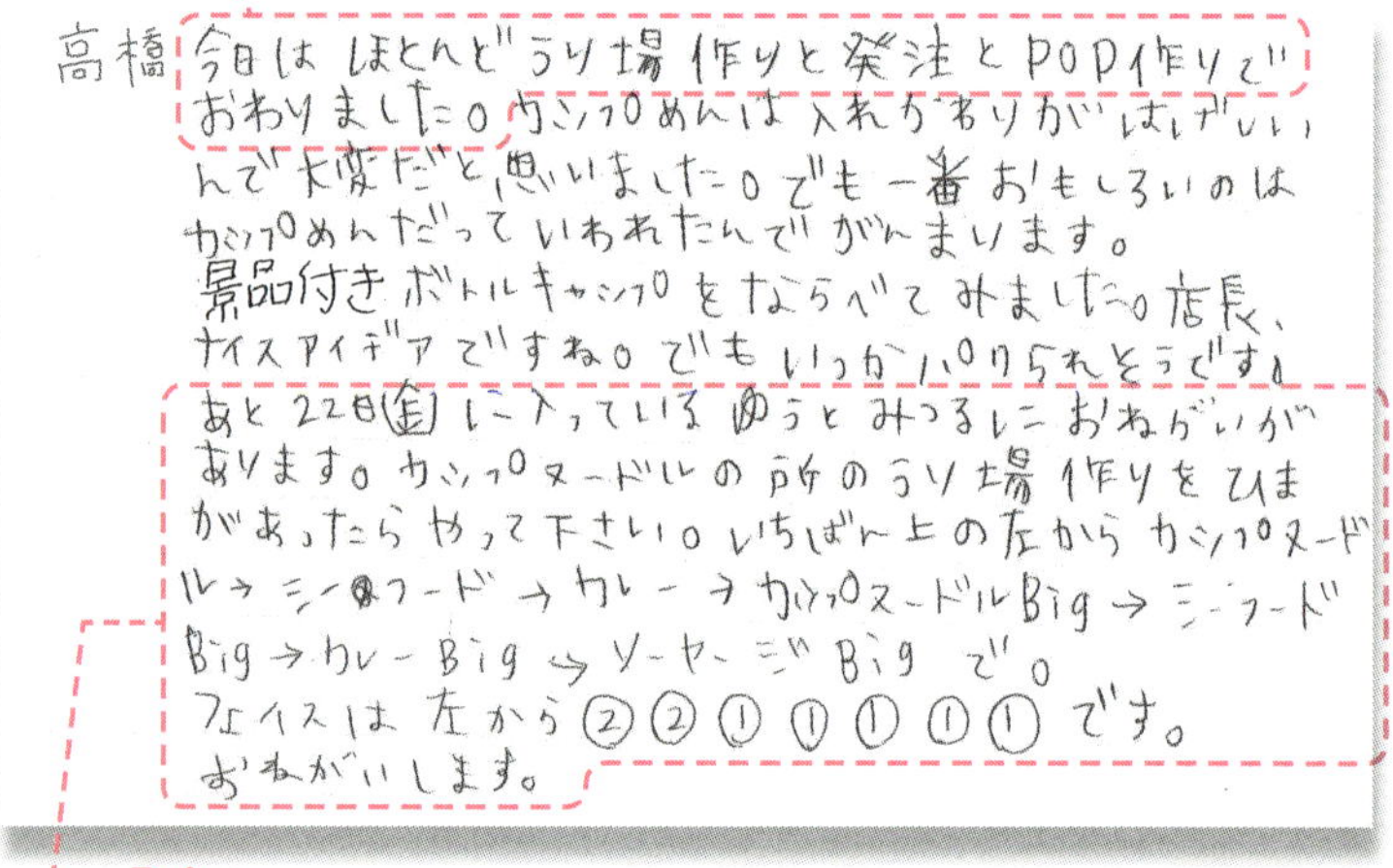
高橋 今日はほとんど売り場作りと発注とPOP作りでおわりました。カップめんは入れかわりがはげしいんで大変だと思いました。でも一番おもしろいのはカップめんだっていわれたんでがんばります。

景品付きボトルキャップをならべてみました。店長、ナイスアイデアですね。でもいつかパクられそうです。

あと22日(金)に入っているゆうとみつるにおねがいがあります。カップヌードルの所の売り場作りをひまがあったらやって下さい。いちばん上の左からカップヌードル→シーフード→カレー→カップヌードルBig→シーフードBig→カレーBig→ソーセージBigで。

フェイスは左から②②①①①①①です。

おねがいします。

Point 2

他のスタッフにお願いする

売り場の作り方や興味をひく商品に対しての成長過程がわかる。また習った知識を他のスタッフにお願いすることでお互いに仕事を覚え合う

結果! 週間販売単品200個達成
単品販売1アイテム単日100個以上達成につながる

Point
1
売る仕掛けと販売数を書く

仕組みの試食コーナーと声かけをやったことで、いくつ売れたかを書く。本人と他スタッフに目安と売上目標数が絞れる

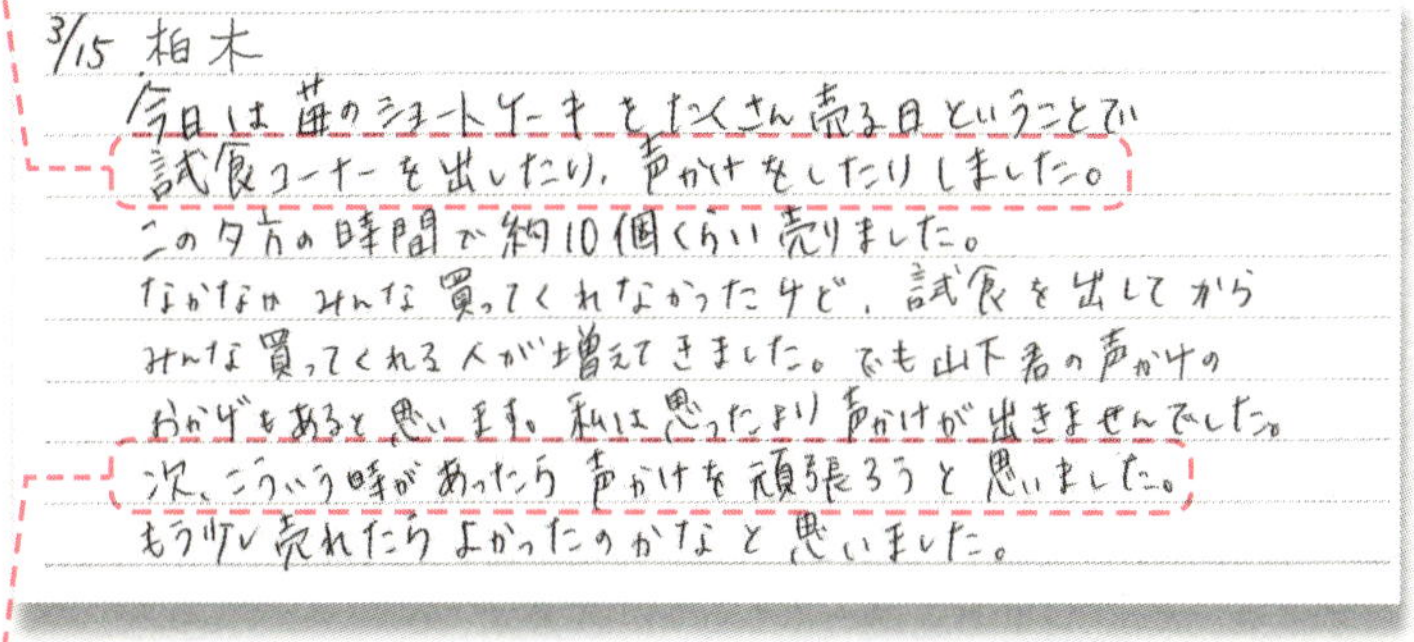
3/15 柏木
今日は苺のショートケーキをたくさん売る日ということで
試食コーナーを出したり、声かけをしたりしました。
この夕方の時間で約10個くらい売りました。
なかなかみんな買ってくれなかったけど、試食を出してから
みんな買ってくれる人が増えてきました。でも山下君の声かけの
おかげもあると思います。私は思ったより声かけが出きませんでした。
次、こういう時があったら声かけを頑張ろうと思いました。
もう少し売れたらよかったのかなと思いました。

Point
2
検証から次の目標を書く

次回の行動目標が書かれているので、店長は指導をしやすい。また他スタッフに意識づけとなる

結果!
ケーキ単品70個達成
予約ケーキ150個達成
予約寿司550個達成につながる

HOW TO TAKE NOTEBOOKS

売れる仕組みをシェアする

Point 1

メールでの販促を書く

メールが得意なスタッフに販促活動を手伝ってもらう例。他スタッフへの告知と家族や知り合いがお客様になる可能性がある

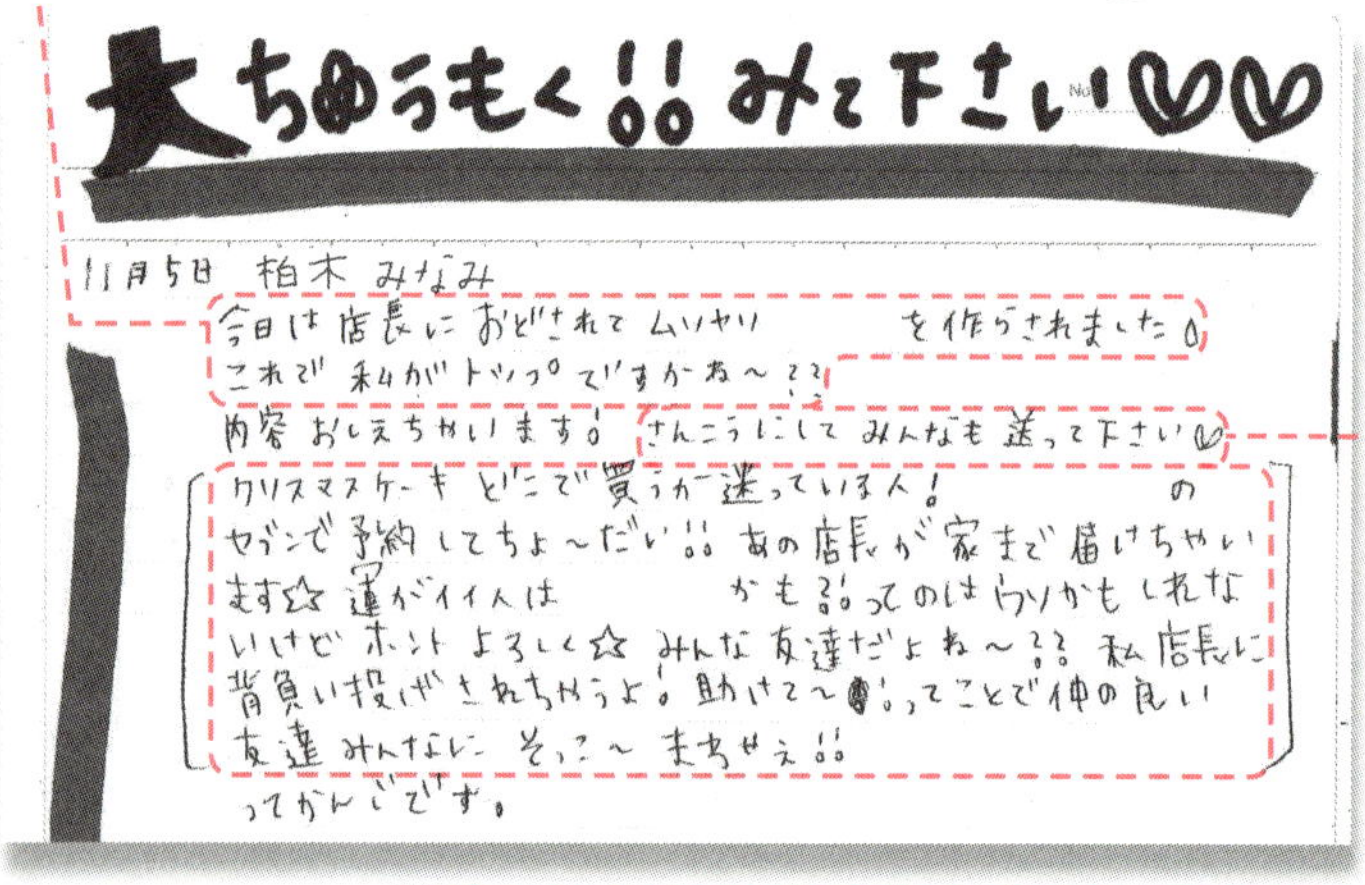

大ちゅうもく!! みて下さい
11月5日 柏木みなみ
今日は店長におどされてムリヤリ　を作らされました。
これで私がトップですかね〜??
内容おしえちゃいます! さんこうにしてみんなも送って下さい
クリスマスケーキどこで買うか迷っている人!　の
セブンで予約してちょ〜だい!! あの店長が家まで届けちゃいます☆ 運がイイ人は　かも!?ってのはウソかもしれないけど ホントよろしく☆ みんな友達だよね〜?? 私店長に背負い投げされちゃうよ! 助けて〜 ってことで仲の良い友達みんなに そっこ〜 まちせえ!!
ってかんじです。

Point 2

スタッフが書く

社員や店長がスタッフに頼むことがポイント。その際にはリーダー候補になる人を選任。営業意識が高くなる

Point 3

キャッチコピーを書く

売る宣伝文句も公開することで、身近な文句でもいいのかと周囲に納得させる。次回はやりたいと思わせることも大切

Point 1
メール内容を書く

内容は予約商品、イベント、キャンペーン告知を入れるのがポイント

Point 2
回数は月に2、3回に

メールの頻度はあまり多いと大切なスタッフを失ってしまう可能性があるので、月の回数を決めておく。固定客をもつスタッフからだと効果は高い

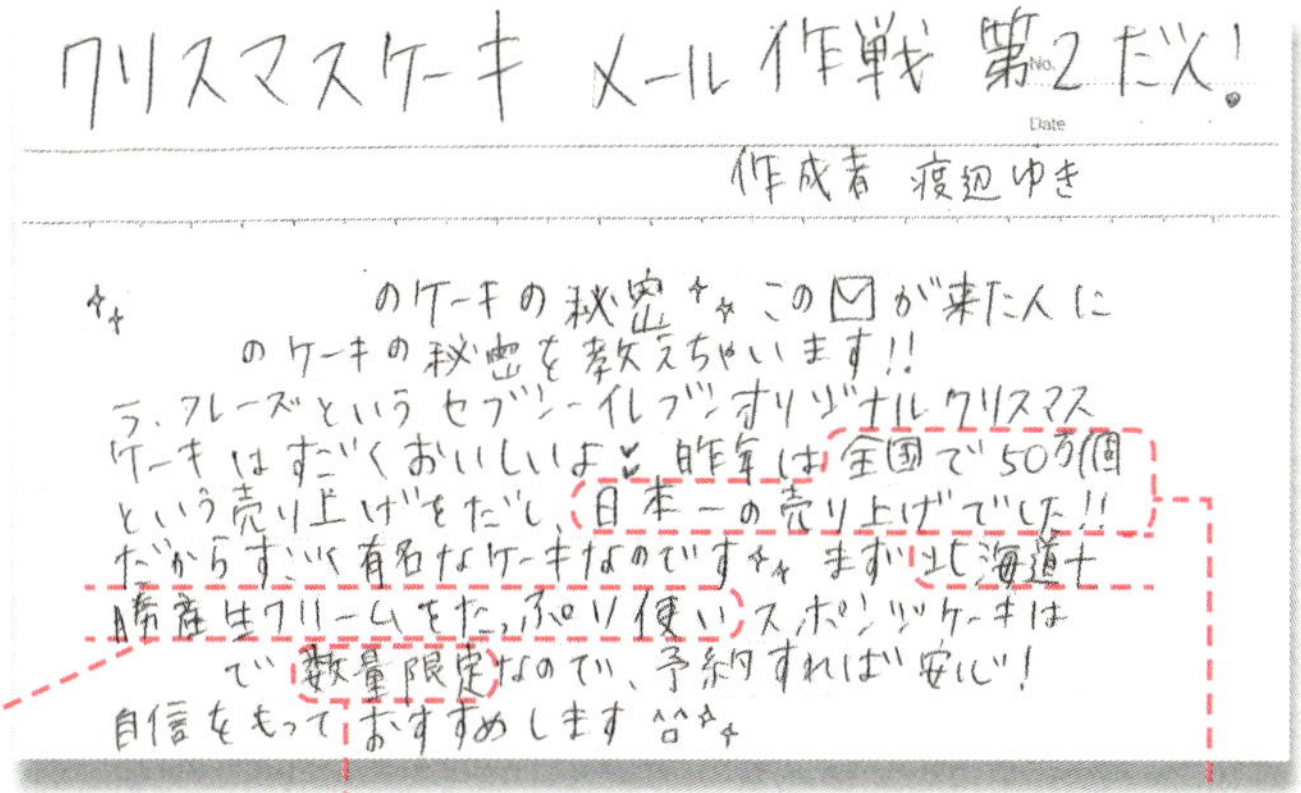
クリスマスケーキ メール作戦 第2だん!
No.
Date
作成者 渡辺ゆき

のケーキの秘密 この✉が来た人に
のケーキの秘密を教えちゃいます!!
ラ・フレーズというセブン-イレブンオリジナルクリスマス
ケーキはすごくおいしいよ♪ 昨年は全国で50万個
という売り上げをだし、日本一の売り上げでした!!
だからすごく有名なケーキなのです まず北海道十
勝産生クリームをたっぷり使いスポンジケーキは
で 数量限定なので、予約すれば安心!
自信をもって おすすめします

Point 3
キャッチコピーは数字と質をうたう

売上が良いということと食材の良さをうたうことで、商品価値が高いことが伝わりやすくなる

結果! 予約ケーキ150個達成!業績3倍に

HOW TO TAKE NOTEBOOKS

失敗事例を全スタッフと共有する

Point 1

指摘された感想を書く

指摘された悔しい思いは書くという行為で解消する。他スタッフにも在庫意識が芽生える

Point 2

検証をする

なぜ失敗したのかを確かめるためにテキストを見返す。新たな発見を書いて他のスタッフとも共有情報となる。この経験は今後店長不在時でも在庫意識の業務精度があがる

Point 3

次なる指導の可能性

モノがなければ売れないという危機管理が芽生えているので、店長は次のステップに販売計画表を作成させることを意識すること

結果！ 通常売れない深夜時間帯（0時～5時）フランク売上29本！

3/31 長澤ななこ
今日はフランク声かけがんばりましたが、やっぱりまた自分の気のまわらない所が原因で店長におこられました。
シフトに入った時から確かにがんばろうという気持ちはあったのですが、在庫がなければ売れるわけがないと言われてショックでした。言われたのが嫌だったワケではなく、本当にショックだったので、これを言われたときもまたショックでした。自分ではそういうつもりもなかったのに、店長からはそう見えたということですよね。私はだれかにおこられたりするとだまり込んでしまって言いたい事を何もいえなくなる性格なので、こんな所で今さらですが、おこられていた時の気持ちを書きました。がんばろうとハリキッていたのにそれも全て否定されたようで正直とてもくやしかったです。在庫がなければ売れないというとても単純なコトに気付かなかったのは反省しています。
写真やインターネットなど、テキストを見て復習しました。おでんのマニュアルも見ました。おつゆが少なくなったらつぎ足し用のつゆとお湯を入れるというのは初めて知りました。今までつぎ足しをしなかったので、これからは気をつけます。
あと、今日加藤さんがコピーをしたので思い出したんですけど、販売計画表
自分達でコピー代などたてかえて出した場合は、どうやって戻ってくるのでしょうか。教えて下さい。私も以前たてかえた分があるので知りたいです。
フランク売り上げ29本くらいです。

HOW TO TAKE NOTEBOOKS

議事録は全スタッフと共有する

Point 1

全員で感想を書く

議事録を書くことで、店長が指導しなくても危機意識が芽生えてくる。店長は、経営参加意識が高いスタッフを参加させることを心がける

Point 2

試食について書く

ミーティングするときは、新商品試食会を行うと効率が良い。感想もいろいろな意見があることを知り、お客様の目線を再認識する

Point 3

目標を書く

書くことで次なる予約や販売数、イベントなど具体的な目標と売上数が定まると同時に各自の意識も見える

結果！ 店内の意思統一につながる

1月10日(水)(ミーティング実施)

小嶋はるか

戸次さんの話の感想…… 300本巻きずしを売っていって、ホワイトデイとバレンタインデイのチョコを売るのをがんばりたいです。あとみんなで仲よくがんばっていきたいと思います。


ししょく…… グレープフルーツはあんまおいしくないとおもう。

コーヒーはふつう。←私の口にあわないです。

おかしはおいしいですよ。

渡辺ゆき

店の悪い点とかは、まだバイトしたばかりなのでぜんぜんわからないけれど、これからバイトしていく中でみつけれるようがんばりたい。そして、試食とかがんばっていっぱい買ってもらえれるようにしたいです。


試食…… 果実入りジュースはすごく好きなのでオレンジジュースはすごくおいしかった。コーヒーは不思議なかんじでした。

おかしはめちゃおいしかったです。

長瀬剛

いろんな行事のたびにキャンペーンがあっておもしろい。いろいろ大変やけど従業員さんみんなで頑張っていきたいです。

コーヒーとグレープフルーツは私はムリでした。

柏木みなみ

巻きずし300本を目標にして頑張っていきたいです。

お客さんにも商品をすすめていきたいです。

試食→グレープフルーツはあまり好きではなかった。

コーヒーはおいしかった。

HOW TO TAKE NOTEBOOKS

発注すると商売を意識する

Point 1

新商品の発注

数値分析と発注業務を同時にすることが伺える。新商品が出る時期は発注数が多くなることを認識する

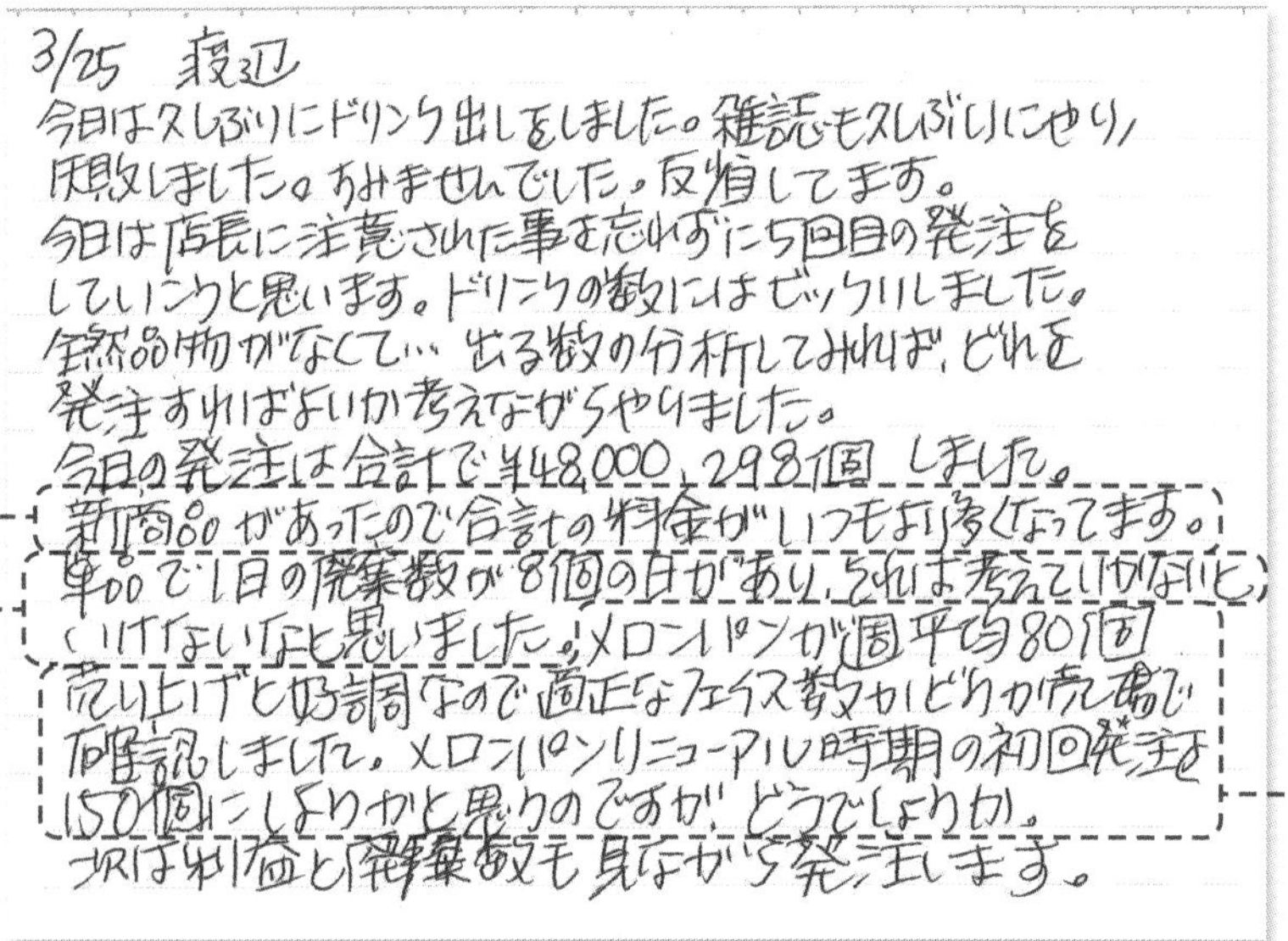

3/25 渡辺
今日は久しぶりにドリンク出しをしました。雑誌も久しぶりにやり、失敗しました。すみませんでした。反省してます。

今日は店長に注意された事を忘れずに5回目の発注をしていこうと思います。ドリンクの数にはビックリしました。

全然品物がなくて… 出る数の分析してみれば、どれを発注すればよいか考えながらやりました。

今日の発注は合計で¥48,000、298個しました。

新商品があったので合計の料金がいつもより多くなってます。

単品で1日の廃棄数が8個の日があり、それは考えていかないと、いけないなと思いました。メロンパンが週平均80個売り上げと好調なので適正なフェイス数かどうか売り場で確認しました。メロンパンリニューアル時期の初回発注を150個にしようかと思うのですが、どうでしょうか。

次は利益と廃棄数も見ながら発注します。

Point 2

廃棄に着目

廃棄があるということは、発注数が多いということにフォーカスしている。利益と廃棄数のバランスを見る目標を得る

Point 3

売上が良い品を発注

売上が良い商品に着目して、売り場で確認。発注数を増やす問いかけまで検証がなされている

Point
1
天候を考える

天候が悪い日は、商品は売れないという知識がある。通常のものや売れ筋のドリンクは、天候に関係なく売れるということがわかる

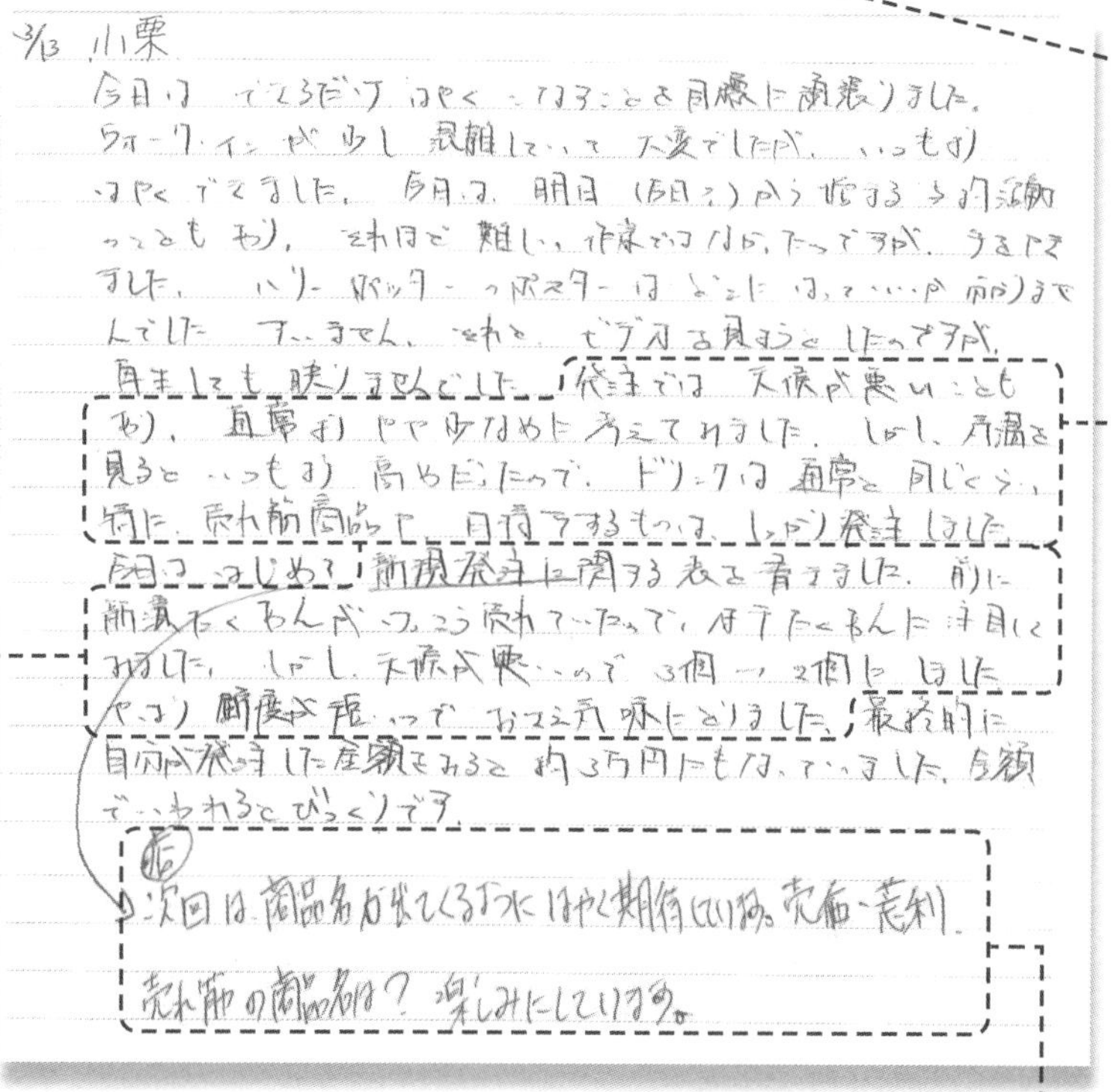
3/13 小栗
今日は できるだけ はやく こなすことを目標に頑張りました。
ウォークインが少し混雑していて大変でしたが、いつもより
はやくできました。今日は、明日（今日え）から始まる予約活動
ってこともあり、それほど難しい作業ではなかったですが、するできました。
ハリーポッターのポスターはどこにはっていいか前日まで悩んでした すいません。それと、ビデオを見ようとしたのですが、
再生しても映りませんでした。発注では天候が悪いことも
あり、通常よりやや少なめに考えていました。しかし、月報を
見るといつもより高めだったので、ドリンクは通常と同じくらい、
特に、売れ筋商品で、目立つものは、しっかり発注しました。
今日はじめて新規発注に関する表を書きました。前に
新漬たくわんがけっこう売れていたので、そのたくわんに注目して
みました。しかし、天候が悪いので3個→2個にしました。
やはり鮮度が短いのでお試し気味にとりました。最終的に
自分が発注した金額をみると約3万円にもなっていました。金額
でいわれるとびっくりです。

（店）
次回は商品名が出てくるのをはやく期待していますね。売価・荒利。
売れ筋の商品名は？ 楽しみにしています。

Point
2
新規発注について

たくわんの売上が良かったことを覚えているが、天候、鮮度事案を考えて発注をしたのがわかる

Point
3
アドバイスをする

売価、荒利について意識をもたせる。たくわん以外の売れ筋についても聞くだけのアドバイスで次回の発注精度をあげる

HOW TO TAKE NOTEBOOKS

ふり返って商売脳を鍛える

Point 1

感想を書く

資料を読ませて、感想を書くことで、気づきや自身が心がけているサービスを再認識する。またポジティブな検証も行える

Point 2

目標を書く

体験した嬉しいできごとがより最強スタッフへと成長させている

Point 3

ふり返る

内部資料や雑誌にとり上げられた記事を読むだけではなく、お客様に愛されるということをスタッフが認識することは、売上や客単価アップにつながる。できれば各時間帯に2名ずつこのようなリーダーが育つと固定客が増えていく

3/13 『フレンドリーの資料を読んで』

あいさつの面では時間帯別のあいさつを心がけています。「こんにちは。」、「こんばんは。」など。最近自分からあいさつをしてくれるお客様が時々いらっしゃって感激です!! 覚えて頂けたんだなあって。話が出来るお客様が増えていってるのが嬉しいです。初めは「こんにちは。」って言っても返って来ない方がだんだん「こんにちは」とか「今日も寒いですね。」って言ってくれたり、嬉しいです。人と人とのコミニュケーションは大切なモノで自分にとってもプラスになるものだと近頃つくづく思います。私はこの店が好きで、この店に来て下さるお客様も大好きです。そう思えるようになったのは、仲の良い従業員のみんなとやっぱりお客様との関係ではないかなあ…って思う。今こうして会話が出来るようになったお客様とは"フレンドリー"が成り立っているんだと思う。マニュアルでは出来ない、心が無いと成り立つコトのないものが存在するコトがホント素敵なコトだと思います。まだ、顔は憶えているのに、会話が出来ていないお客様もこれから"フレンドリー"な関係になれるといいな…。お寿司の時はがっかりして自信もやる気も無くしそうだったけれど、最近はだいぶ前向きになれた気がします。それは普段からのお客様から言われる一言、「ありがとう。」です。何より嬉しいコトだし、試食を食べて頂けなくても、食べて頂ける人も時々いて、買って下さらなくても「ありがとう。おいしかった。」って言って頂けるだけで、試食して良かったな、と思う。また次、そのお客様が欲しいと思われた時に買ってもらえれば嬉しいです。

「優しいあったかい、居心地の良い」コンビニになれたらいいなと思います。お客様に好かれるも好かれないも、自分次第、店次第。取り挙げられた2つの店の様に、みなさんに愛される店になるコトが何より大事だと日々の中で感じています。

—— 島崎はるな ——

HOW TO TAKE NOTEBOOKS

ふり返って商売脳を鍛える

Point 1

全員で感想を書く

同じ本を読ませて、感想を全員で書くことで連帯感、チームワークが生まれる

Point 2

ふり返る

客観的になにかを見ることで自分自身の仕事と来店しているお客様をふり返るきっかけとなる。新たな成長意欲に

常連客の方が多い店なので、接客に気をつけたいと思います。
最近、常連客のお客様とちょっと親しくなりつつあるので、
もっと、常連客を増していけたらなぁと思います。初めて来られたお客様
にも、もう一度来たいなぁと思うようなお店にしたいと思います。
それと、うちもお客様からの一言で、自分も気をつけなあかんなぁーと
思いました。自分で気付かない所もいっぱいあると思うし…
これからはもっと気をつけていきたいです!! 鈴木

常連のお客さんが多いのでその人の顔や生活パターンを覚える
ようにして、フレンドリーサービスを大切にしていきたいと思いました
お客さんが入ってきたら「いらっしゃいませ」「ありがとうございました。」
と丁寧にあいさつしていこうと思いました。 高橋

Point 3

予習・復習をする

店長は定期的にふり返るものを見せて、感想を書かせる。ノートを書く習慣が定着し、90日もすればスタッフは成長する

結果!

固定客アップ
来店頻度1.5倍に

HOW TO TAKE NOTEBOOKS

店長からのコンセプト提案

Point 1 店舗コンセプトを書く

5つのコンセプト軸で考えを出す。
①根性、正論は正しいタイミングで使う
②お店の正しい考え方は店長しか発信できない
③今のお店のイメージを書いて伝える
④なりたい店のイメージを書く
⑤定期的に伝える

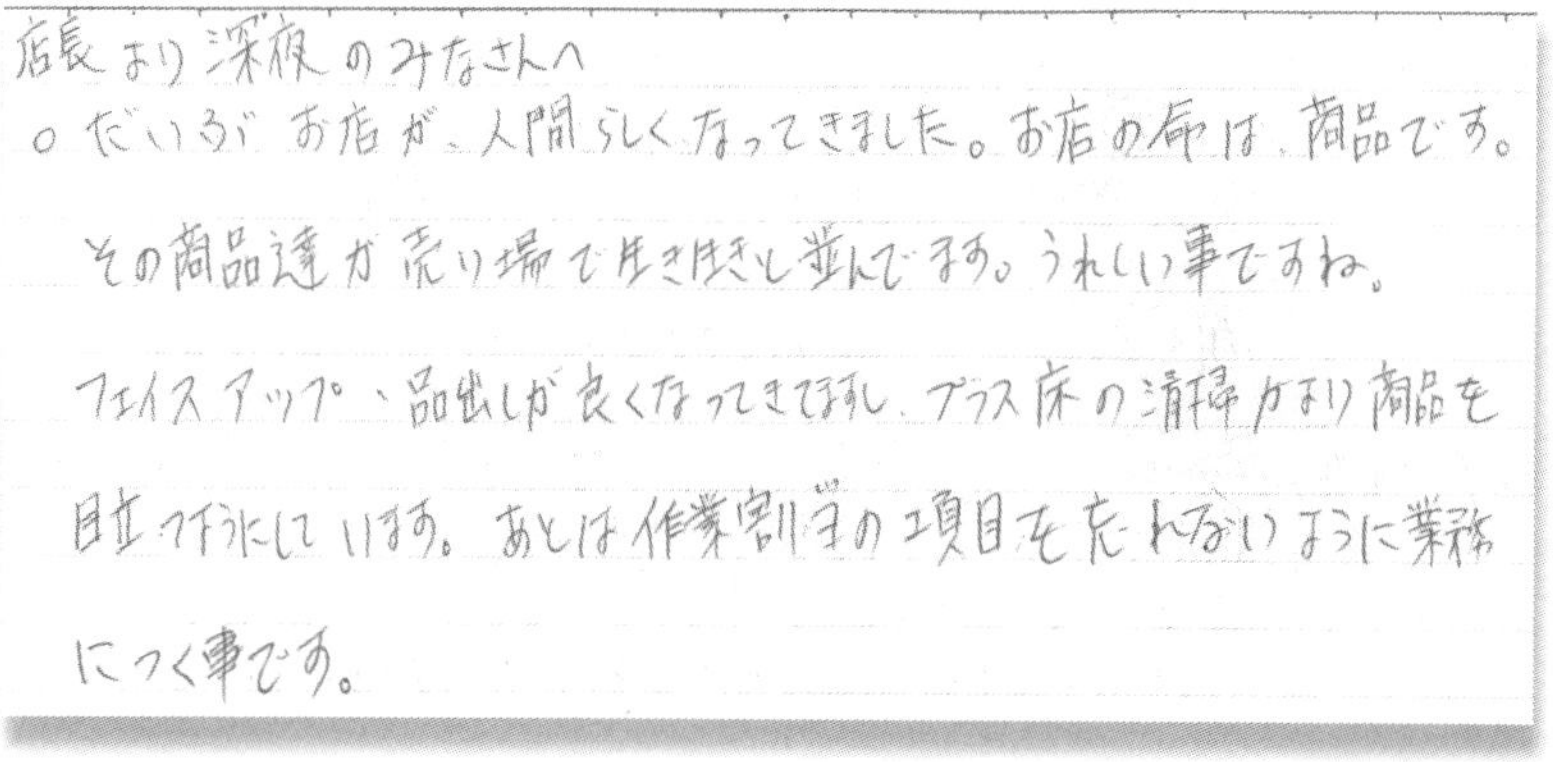
店長より深夜のみなさんへ
○だいぶお店が人間らしくなってきました。お店の命は、商品です。
その商品達が売り場で生き生きし並んでます。うれしい事ですね。
フェイスアップ・品出しが良くなってきてますし、プラス床の清掃がより商品を
目立つようにしています。あとは作業割当の項目を忘れないように業務
につく事です。

Point 2 何度も伝える

書き続けて巻き込むのが大事。1度では伝わらないので形を変えながら、90日を目安に継続して発信する

Point 3 全員で打破する

店長は自分ひとりで抱えこまずに全員を意思統一させること。そのためには、全員に書かせ、内容を読み解き、顧客、お店優先で考えフィードバックする

結果! **1年間やり続ければ指導スキルが上がり、自分で考えるだけよりスタッフの情報から生まれる仮説の方が成功確率が上がることを知る**

セブン－イレブンのノートは
「情報共有ノート」とも言われ、
業務日報を始め、商品の売れ筋、
お客様の動向からクレームまで
お店の情報をすべて集めるノートなのです。

しかし、せっかくの「情報共有ノート」なのに、
連絡ノートとしてしか
使っていない店舗があるのも事実です。

そこで、このノートをうまく活用して
本部社員・パート・アルバイトが**力を合わせて**
店を活性化することはできないかと考えました。

それが冒頭で紹介している
「売れる人」を育てるノート術です。

このノートを通してコミュニケーションすることで
個々が考え、仮説をもって
挑戦的に動き、連携して
最強の組織として利益を生む
のです。

高校生・大学生・主婦でも利益意識をもった
「売れる人」へと育てる
最強ノートメソッドなのです。

目次

セブン-イレブンで働くと どうして「売れる人」になれるんですか？

目次

第一章　セブン‐イレブンという組織風土

第二章　ノートを書くコミュニケーション

第三章 ノートを実践する

【売れる仕組みとチームワークを連動させる】

第四章　ノートを通じて商売を学ぶ

第五章　1冊のノートで共感型組織になる

目次

この本は、著者が鈴木敏文氏の言葉を現場で実践した内容ですが、
「株式会社セブン‐イレブン・ジャパン」とは直接関係ありません。

世界のセブン-イレブンの仕事術を学ぶにあたって

日本が誇るブランドのひとつであり、その規模は全世界で6万店（2017年6月末現在）を超え、世界一の店舗数を誇るチェーンストア企業になったセブン-イレブン。

アメリカ生まれのコンビニを日本で育てた〝コンビニの父〟鈴木敏文氏（現・株式会社セブン&アイ・ホールディングス名誉顧問）は、セブン-イレブンを立ち上げ、日本を代表する流通企業にまで育てあげました。創業当初に集まった人材は、たった7人の素人集団でした。悪戦苦闘の中から新しいコンビニの形を作り上げたノウハウは全世界でも高く評価されています。

なぜ、セブン-イレブンで働くと「売れる人」になれるのか？　それは、非常識な発想の観点から生まれる「仮説」をもって挑戦し続けるスタンスと、お客様の立場で「基本の徹底」と「変化への対応」を実践しているからです。

セブン-イレブンは、仮説という「最大武器」をもって、トップクラスの業界シェアを維持しており、業界の再編が加速する中でも、さらにシェア拡大を目指す企業風土をもっています。

そんな中で、私は、世界に誇れる日本人の武器のひとつ「書く技術」を取り入れたノートメソッドを開発しました。セブン-イレブンに学び、体験してできたノウハウを取り入れています。

「これまで一度もノートをとったことがない」

そんな人は、日本にはいないはずです。学校の授業はもちろん、日々の仕事など、いろんな場面で「書く技術」を使っています。

素質に関係なく「スタッフは商売を覚え」「店長、SVは指導力を身につける」ことができ、誰でも簡単に書け、すべての人材に通用する〝仮説を全員で実践するノート〟です。

ここまで読まれた方は、ぜひ次ページの「はじめに」から読んで実践してください。

はじめに

「人材不足」「人が育たない」「利益・数値が厳しい」

小さなお店から、大手チェーン店まで、規模に関係なく、
それが現実のお悩みではないでしょうか。

商売の世界を、４つのタイプに分類してみます。
ＴＹＰＥⅠ・・毎日、一生懸命現場で働いているのに、商品が売れない人
ＴＹＰＥⅡ・・全力で働いていないのに、なぜか商品がダントツに売れる人
ＴＹＰＥⅢ・・役割・環境を人に与えて、意識せずとも人が自然と育っていく人
ＴＹＰＥⅣ・・毎日、長時間働いて、全く人が育てられない人

「Ⅱ＋Ⅲ」のタイプが、繁盛店・優秀店の責任者・店長に多いのは、理解できると思います。ですが、実際の現場では「Ⅰ＋Ⅳ」のタイプが非常に多いのです。

これは、「マーケティングとマネジメント」を理解して、正しい努力をしているかどうかで、「差」が生まれているのです。何も知らずに、現場でムダな努力だけを繰り返しても成果がでないのは当然です。

さて、ここで質問です。

スタッフ（パートやアルバイトなど非正規労働者。）は、あなたの敵ですか？ 味方ですか？

答えは、「最大の味方であり、限りなくお客様に近い存在である」です。

経営者の皆様からは、口を揃えたように

「優秀な人材が集まらない」と言う声をよく聞きます。

たしかに、「夢」や「目標」をもつ人が、若い世代には少ないように思われます。

しかし、本当に、そうなのでしょうか？

実は私も、「セブン-イレブン」の店長時代に、似たような体験をしたことがあります。

当時は人材不足に悩み、通常の1／4程度のスタッフでお店を運営せざるを得ませんでした。そのような経験はもう二度としたくないですが、そのとき力になってくれたのは、たった4名の現場スタッフたちでした。

そのときに強く感じたことは、

「スタッフは味方であり店の財産である」ということです。

失敗を積み重ねながら、決してあきらめずにやってきたことで、**「売れる楽しさ**

（マーケティング）」と「人を育てるうれしさ（マネジメント）」の両輪で回すノートメソッドをつくりだすことに成功しました。このメソッドをつくりだすことができたのは、そういった**〝現場体験〟**があったからです。

私が店長になりたての頃は、とにかく販売することが得意で、大好きでした。だから、**自分が高い目標に挑戦する姿勢**をスタッフに見せれば、全員が動いてくれると信じていました。

しかし、現実には、彼らの答えは違っていたのです。

あるスタッフとの面談時に、**「販売は楽しいけど、だんだん数値がノルマみたいになって疲れてきた……」**と、聞いたときは、大きなショックを受けました。

スタッフたちが楽しく販売する店が、理想とする店舗像であったのにもかかわらず、彼らが疲弊する環境を自分がつくっていたのです。

そこで大学時代、柔道をしていたときに毎日書いていたノートの存在を思い出しました。

そのノートを活用して店舗改善ができないかと考えました。そのノートは個人を伸ばすためのメンタルトレーニング用のノートで、組織全体を活性化させるためのものではありませんでした。また、書き方の構成や、項目のイメージはあったのですが、全スタッフが書いてくれるかどうかなどの不安はありました。

そこで、まず新人スタッフにノートを書いてもらうように教育体制を変更しました。するとある変化が見えてきました。2週間以内で退職するスタッフがほとんどいなくなったのです。

その後、ノートが定着して上手く運用できるようになってからは、高校から、大学卒業まで勤務するスタッフが増加していったのです。

驚くべきことはそれだけでなく、みんなが商売意識と経営参加意識をもって業務をするようになり、ダントツに売れる店になっていったのです。

本来であれば、この**〝商売ノウハウ〟**は、誰にも教えたくなかったのですが、**「超・採用難時代」**に突入した現場を見て、考え方が変わってきました。

このノートメソッドをひとりでも多くの人に伝えるべきだという信念をもって、**〝これからコンビニで働く人達に恩返しをしたい〟**そんな想いが生まれたのです。

そこでもう一度、自分の**商売のルーツである、セブン-イレブンを研究してみました。**現在のセブン-イレブンは、スタッフ総数30万人以上、年間来店客数約65億人、商品開発、ＰＯＳ（ポイント・オブ・セールス）データから店舗開発まで、日本一を誇る分野が非常に多いことで知られています。

私が思うセブン-イレブンという組織の印象は、**「仮説は〝考えること〟を鍛え、業務日報は〝行動を整理すること〟を鍛える。そのためにメモをとる習慣が組織全体にある」**という点です。

学校やビジネスでは、メモやノートを頻繁にとりますが、商売や経営の現場ではなぜかあまりメモやノートをとらないという傾向があります。

書く習慣は、素質に関係なく誰もが自然にできる習慣です。〝小・中・高校までの12年間続けること〟で、〝一生できる**習慣**〟になります。そこに気づいたのが、最大の利点になりました。

このノートメソッドはたった90日でお店に定着させることができます。これを1年間継続すれば、地域で愛されるお店になっていることでしょう。そして「オンリーワンの存在」として、そのお店にしかない独自の強みができあがっているはずです。

そして店長、スタッフの素質に関係なく「みんなで商売を学べる教室」が、ノートの中に「財産」として残り、いつでも読み返すことができるようになります。ノートは、**記憶を「記録」として残す**ということでも有効なのです。

この本のメインターゲットは、経営者、SV（スーパーバイザー）、店長で、「部下指導・商習慣を身につけたい人」に読んでいただきたいと思っています。

従来の発想に疑問をもち、新しい価値を創造するセブン-イレブンの「仮説思考」は、考えうるすべてのビジネスに適応できるでしょう。たとえば営業、マーケティング、店舗ビジネスを含むサービス業、なにかを考えながらマネジメントを進めるビジネスパーソンすべてにあてはまる内容になっています。

本書を通じてノートメソッドを実践した人の中から、〝地域一番店〟が誕生したら嬉しいです。あとに続くコンビニ世代に、「日本人にもっとも適したコンビニビジネス」は継承されていくことでしょう。この本がその一助になれば幸いです。

２０１７年10月吉日

コンビニ研究家　田矢　信二

第一章

セブン－イレブンという組織風土

No.

Date　・　・

「仮説」「実施」「検証」というサイクル

LEARNING GOAL

※ラーニングゴールとは
学習した結果でなく、学習そのものを目標と捉えること。ハーバード大学のドゥエック氏が学習活動の目標のひとつとして分類したもの。結果を重視するパフォーマンス・ゴールと対をなす概念でラーニングゴールは過程を重視する。一般には、単に「学習目標」という意味で使われる場合もある。

1　セブン-イレブンが求めるスタッフとは？

ノートについて説明をする前に、ここではセブン-イレブンという組織について説明します。

セブン-イレブンの現場では、スタッフ作業、つまり決められた仕事をするだけの人材は求めていません。逆に素質に関係なく、挑戦する思考をもつスタッフを求めています。

それは、なぜでしょうか？

売上に直結する**「発注」**をパート・アルバイトのスタッフに任せることが、セブン-イレブンの最大の目的だからです。

「発注」は、お店の経営を左右するほど役割が高い重要なものであり、ここに**「作業と仕事」**の違いがあります。

「作業」はなにも考えずに行動することができるのに対して、「仕事」は自らお店のため、顧客のためを考えて行わなくてはなりません。それには売上を考えながら行動することが必要になってくるのですが、それをスタッフに任せてしまうのです。

この最初の印象づけが、スタッフの成長を大きく左右することになります。

もし、作業だけを追求する人ばかりが増えれば、**「顧客の立場」**に立った接客や品揃えにはならなくなります。だから、セブン-イレブンでは、あえて商売・経営においてもっとも重要な「発注」をスタッフに権限委譲するのです。

ちなみに、発注操作は誰でもできる商売体験ゲームのようなシンプルなコントローラーで行います。

操作は簡単ですが、発注という仕事は、商売・経営に直接関わりますので、困難で成果に結びつかないときもあります。そんな課程を経て、スタッフが自ら考えるトレーニングをして楽しみを見つけていければ、仕事のおもしろみがどんどん増し、正しい仮説思考が自然と身につくのです。

日本のセブン-イレブンの経営手法は、アメリカのハーバード・ビジネススクールを始め、欧米でも日本を代表するビジネスモデルやケーススタディとして、たびたび取り上げられています。特に海外の経済学者が驚くのは、商品の発注など、経営を左右する重要な仕事を学生のアルバイトや主婦のパートが実践し、成功していることです。

セブン-イレブンが求めるスタッフは、「発注」を考えて行動できる人なのです。

2 アルバイトにも業務をまかせる風土

一般的なサービス業では、パート・アルバイトは「作業」に集中して時給をもらうことが多いでしょう。

この考えは、ある意味で正しいと思います。

しかし、同じ時給８００円でも、時間単価で「作業」をするスタッフと、自分で「答え」を出して「仕事」をするスタッフでは、その後、お店の差別化をはかるという点で、圧倒的に違ってきます。

それがセブン-イレブンの現場であり、商売スタイルなのです。

ここで、ビジネスマンならひとつの疑問をもつかもしれません。

「本当に学生や主婦のパート・アルバイトスタッフでも、そんなに期待された仕事ができるのだろうか？」

そう考えた時点から思考は低下して、「スター」を見つけだすことは不可能になってしまいます。

結論から言えば、学生や主婦のスタッフが現場で「仕事」を実行するから、セブン-イレブンは強いのです。

セブン-イレブンには、挑戦と新しい発想を生み出す日本流**《仮説→実施→検証》**の最強サイクルがあります。

「仮説」を立てたら、結果を「検証」しなければならないということです。

セブン-イレブンでは、商品発注において、スタッフにもこの仮説を毎回立てさせています。

明日はどんな商品が売れ筋になるのか、スタッフがその「仮説」を立ててみます。そうすると、実際に発注した商品が売れたかどうかが気になるものです。そこで、販売結果をＰＯＳデータでチェックします。これが「検証」になります。

スタッフに発注の仕方を教えるときは、お客様の立場で考える「仮説」も同時に教えて、アイデアが出るように仕掛けをします。セブン-イレブンでは、これを**「仮説に基づいた発注」**と呼んでいました。

学生や主婦のスタッフにも「仮説」を求めるところに、セブン-イレブンの強さの秘密があるのです。そして、従来の発想に疑問をもち、新しい価値を発想する**「仮説思考」**を全員にもたせることにより、新人スタッフの中からすぐに輝ける**「スター」**を見つけることができるのです。

「決められた時間、決められた作業をしてもらうスタッフが当たり前」という常識を今日からは忘れてほしいと思います。

「仮説」を基に仕事をすることで、学生のアルバイトや主婦のパートスタッフも成長し、お店の戦力になるのです。

店長ひとりでお店を運営していては、必ず限界がやってきます。スタッフを認める環境をつくることで、各スタッフの経営参加意識を高め、どう戦力化するかということに思考を完全に変えるべきなのです。

発注に一生懸命取り組むスタッフは、学生でも主婦でも、3カ月もすれば、経営について自分なりの意見を言えるようになります。

そのときこそが、育成の最大チャンスなのです。

「当事者意識」が芽生えているので、そのスタッフの強みの部分だけを見て、ほめるように心がけてください。

絶対にやってはいけないのは、**「怒る行為」「まだまだ」**という発言。指導者側が気づかないマイナス発言は、スタッフの成長を停止させてしまいます。

「ありがとう」とひと声添えて、ほめてあげてください。

ほめられたスタッフがまた新しいスタッフをほめることで、良い組織風土が形成されていきます。

ぜひ、このような視点を中小企業の経営者にも、もっていただきたいと思います。

資金も採用人数も大手企業に比べて低いのに、同じような採用方法、同じような求人広告をしていては、大手企業にいい人材を確保されてしまいます。

スタッフを育てるために、中心となる年齢層の考え方や情報を経営者・店長が読み解く力を身につけてほしいのです。そうするだけで、どんな高額な情報より貴重な、現場に直結した情報が手に入るのですから。

3 初めてのバイトでも利益を語るスタッフたち！

経営する側にとっては当たり前の話かもしれませんが、現場のスタッフが原価を知らないことは意外と多いものです。売上に直結する知識であるにもかかわらず、原価や利益率を教えることが大事に思われていないのです。それでは本当に経営側がスタッフの素質を信じているか、疑問になります。

常識的な発想では、「原価意識」ができる組織は優良だとみな納得します。

しかし、セブン-イレブンは、さらにその常識を覆すのです！

それはなにかと言うと？

「**利益意識**から入るのだ」と鈴木氏の言葉が聞こえてきそうです。100円の商品を10個売ったらいくらの利益になるか、いくら儲かるかということを教えていきます。

セブン-イレブンのお店にある帳票に、**「原価」もしくは「値入《ねいれ》」**という言葉は、ほとんど使われていません。毎週発売される新商品一覧には、**「荒利」**という記号が表示されています。これは「グロスプロフィット」のことで、意味は、**「荒利高（一般的に値入高を指す）」**のことです。

これが現場スタッフまで知っている共通言語になっているセブン-イレブンのお店は多いでしょう。

初めてアルバイトをするスタッフにも、この考えを浸透させる風土がセブン-イレブンにはあります。店舗のスタッフが、普通に「どれくらいの利益になるか？」を語っているのです。

4 「絶対的価値の追求」で顧客の心を鷲づかみする

鈴木敏文氏は、**「他店見学はしてはならない」「われわれの競争相手は同業他社ではなく、目まぐるしく変化する顧客のニーズである」**と、セオリーとは違う発言をよくしています。

これは、競合との競争を意識するのではなく、セブン-イレブンにしかできない商品・サービスへの絶対追求から生まれてくる言葉です。

また、**「過去の否定」**も繰り返し語られています。**競合を超えるのではなく、過去のセブン-イレブンを常に乗り越えろ**ということです。

つまり、他社がなにをやっているかではなく、いま店にいる顧客の心理をなにより も直視し、共感してくれるサービスをいかに自店でつくり上げるかが、ポイントになってくるのです。

お客様が共感すればするほど、セブン-イレブンのブランド力は向上します。競合他社と比較してつくる相対価値追求では生まれてこない発想があるのです。「絶対価値の追求」が他社との差別化を産み、組織の強さにもなるのです。

自社の業績が下がったとき、競合の業績を見て同じように下がっていれば、「景気のせいだ」と言いはじめる店長や経営者がいます。競争に終始する会社は、競合の業績が上がっていれば、競合調査で比較分析し、その手法をモデリングしようとします。

一方、自社にしかできない「絶対価値」を目指す会社は、自社の業績が下がったのは顧客心理に対応できていないからだと考えます。そして、「共感型組織」が育成できていないから「顧客共感」を得られていないと分析します。その後、問題や課題をもう一度考えて、全スタッフの仕事のあり方を変化させるように育成します。

マーケティングでも同じことが言えます。他社との競争を意識してデータを読むのと、顧客心理に基づいてデータを読むのとでは、その先に見えるゴールイメージがまったく違うモノになるのです。

そのために、一番重要なのが、顧客心理情報です。

全スタッフで従来の発想に疑問をもち、顧客心理情報をもとに新しい価値を発想する「仮説思考」と「常識の壁を打ち破る発想」をもちいて、現場オペレーションを実施すれば、問題解決策が見えてきます。

そうなれば、**「もうひとりの鈴木敏文」**が現場で大量生産されるのです。

そんな共感型組織は、もっとも強い組織になりえます。

また、本部社員が現場を知ることも大切です。

フランチャイズビジネスにおいて本部のみが商売・経営に専門特化すると、現場である店が弱くなる場合があります。そういう意味では、本部の社員がある一定期間、現場経験をすることが、とても重要なのです。しかし、多くのコンビニチェーンの本部社員は現場経験の期間が極めて少ないと言えるでしょう。

その中でもセブン-イレブンは、本部社員の店長期間が約1～3年と非常に長いことがあげられます。ファミリーマート、ローソンでは半年～1年でＳＶになるキャリアステップがあるのにもかかわらずです。

セブン-イレブンは、社員を早く役職に上げることを安易に判断しません。つまり、それだけ人材育成に投資をしているということが言えるでしょう。

素質に関係なく生まれる最強組織は、お客様に一番近い現場から生まれるのです。

5　1分間朝礼コミュニケーションのすすめ

膨大な情報量と変化に対応する世界最先端のシステムが導入されているセブン-イレブンでも、人間同士のコミュニケーションは大事にしています。もっとも大事にしているのが鈴木敏文氏本人でした。

そのために世間から「無駄だ」と批判を受けても、現場のＯＦＣ（オペレーションフィールドカウンセラーや※他社は、ＳＶ）たちに直接顔を合わせて話す「ＦＣ会議」でのダイレクト・コミュニケーション（直接行うコミュニケーション）をもっとも重要視していたのです。

セブン-イレブンにおける人間の競争力のひとつに、コミュニケーション能力があげられます。仮に話し下手であっても、一緒に考えることで、その人の人間性をもって説得させるケースもあります。人間的な部分も含めたトータルコミュニケーションが強く求められる企業風土があるのです。

コミュニケーションは、時間が長い方が伝わると思われています。その前提には「信頼関係」が必要なのです。

そう考えると、最初から新人スタッフと店長が円滑なコミュニケーションを取ることは難しいと想像できます。

もちろん、コミュニケーション能力が高い店長やスタッフもいます。しかし、それだけでは全員が経営参加するコミュニケーションは手に入らないのです。

現場で常にお客様に対して最高のサービスが求められる時代に、はたして店長が全スタッフにコミュニケーションの時間を割りふることが可能なのでしょうか？

限りなく不可能に近いでしょう。

では、どのような方法が最適なのでしょうか？

仕事の始まりと終わりの「1分間」を有効活用することで、最大かつ最適の効果を生み出す方法があります。

まず店長は、仕事の始まりで**「本日の業務の流れ、前日の販売動向、勤務スタッフ**

の状況」を確認します。その中から、本日の指示事項を1分間でスタッフに伝えるのです。

《仕事の始めと終わりの「1分間」》
①始めの1分間で指示事項を伝える→スタッフにとっての「仮説」になる
①終わりの1分間で販売数を確認する→スタッフにとっての「検証」になる

それを繰り返すことで、全時間帯でお店の中のコミュニケーションが自然な形で可能になります。

接客においても、お客様に対する接点頻度が上がると固定客化するように、スタッフに対しての接点頻度が最低2回確保されると、ものすごく効率の良いコミュニケーションシステムになるのです。

現場の業務が忙しいときに、スタッフとの会話はありますか?

会話ができないことがほとんどなのではないでしょうか?

それなのに、「スタッフが言うことを聞かない、なにを考えているかわからない」と心の中で考えてはいませんか？

そのようなときはスタッフたちも同じように思っていると推測したほうが良いでしょう。ＩＴ機器やスマホでは絶対にできないこと、それが「1分間朝礼」などのアナログなコミュニケーションなのです。

POINT お店の土台づくり

基本は、業務をまかせて**スタッフ全員が共感できる場をつくること**。新人教育には妥協せず、最初から全力で取り組むべきです。これを販売体制にたとえればわかりやすい。どんな良い商品（人材）も初日ではなく、3日後に売場へ並べても最高販売は記録できません。それと同じで最初が肝心です。セブン-イレブンでは、「仮説」と「検証」によって新人も利益を語るようになり、お店全体の意識レベルが高い領域へと成長します。

お店は、学校では教えてくれない商売を教えてくれる場所であるとスタッフに認知させてくれます。

第二章

ノートを書くコミュニケーション

No.

Date ・ ・

書いて売れる仕組みを理解する

LEARNING GOAL

1　研修初日に感想を書くとスタッフが育つ

第二章からは、第一章で説明したセブン-イレブンの特徴を具体的なノート術と絡めながら見ていきます。

まずは、次ページのノートをみてください。私がいた店のスタッフが、研修の初日に書いたものです。

研修の初日には、コンビニチェーンにはよくある研修用のＤＶＤを見てもらいます。その研修用ＤＶＤは

「あなたは信頼できるパートナー」

「就業ルール」

「心のこもったおもてなし接客」

「お店はいつも清潔に」

＊あなたは信頼できるパートナー
接客がすごい大切だと分かった。接客態度が悪いと
もうそのお店には行きたくなくなるし、お客さんも減って
いって成り立たなくなるかもしれない。やっぱり親切に応たい
してもらったり、感じのいいあいさつはうれしいし、また来たくなる
と思う。ゴミひろいやそうじなどでも店のふいんきが決まるし、
きちんとしなあかんと思う。発注のことはまだよくわからないけど
このお店に必要とされた限り、がんばろうと思う。
＊就業ルール
服装やみだしなみでそのお店のイメージが変わってくると思う。化粧
が濃い定員さんはやっぱり何かイヤやし、イメージが悪い。
そして一番大事なのは勤務時間を守ること。お客さんやいっしょに
働く人たちにもすごくメーワクがかかるし、お店や自分の信用まで
なくなる。これは絶対守らなければいけない。勤務中の私語
は本当にアカンと思う。

＊心のこもったおもてなし接客
おはしやスプーン、ストローは絶対なかったらお客さんが困ると思う。
わざわざ取りに戻るのも面倒やし（お客さんが）。
ジュースとあたためたお弁当は別々にしてほしいので別々にして
くれていたらうれしい。おつりを返す時はお札と小銭は別々にする。
やっぱり正確さが必要。おつりは少なかってもアカンし、多くてもあ
かん。信用もなくなる。
＊お店はいつも清潔に!!
店の外は清潔にせなアカンと思った。第一印象がよければよい程
お客さんもたくさんきてくれると思う。店内も大事やけど、外見も大事！どち
らも並行してキレイにしていこうと思う。トイレをキレイにするのは
あたり前なのでがんばろうと思う。

（研修初日に書いた新人スタッフのノート）

の4種類があります。そのひとつひとつについて、ノートに感想を書いてもらうのです。

書かれた内容で、新人スタッフの感じていることや仕事への姿勢がわかります。

私の経験では、「接客や売場づくりが大切だと初めて知りました」や、「固定客を大切にして地域に愛されるお店をつくるなんて普段利用していても考えていなかったので、接客を大事にします」といった感想を書く新人スタッフが多かったように記憶しています。

そこで仕事について説明し、本人が思い描く「理想と現実のギャップ」を埋めていきます。ギャップを少しずつ埋めることで、「考えていたことと違った」とスタッフが仕事を投げ出すような事態を回避することができるのです。

このようにノートの記入は、項目に分けて、**できるだけ細かく書かせるのがポイント**です。研修全体についての感想を書かせると、当たり前の内容になりがちで、文章量も少なくなってしまうからです。研修のタイトルごとに、なにを感じたかを書かせましょう。

このノートを初めて高校生・大学生や主婦のパートさんに書いてもらったとき、私自身もびっくりしたのを今でも鮮明に覚えています。

スタッフの感想は極めてシンプルなものです。しかし、「社会人経験者の社員より、ものすごく素直に良いことを書いているな」と、逆にこちらが勉強させられる思いでした。

この日以来、新人スタッフの面接時には、「勤務の初日に、研修DVDの感想を書いてもらいます」と必ず言うようにしました。

そして、全スタッフが商売について書いたノートができたときにはとんでもないことが起きるだろうと、とてもワクワクして嬉しくなったのを覚えています。

実際に、私がいた店は、その後とんでもない予約数値をたたき出し、チームとしての販売体制が確立されて、他店のオーナー経営者が店を見にくるほどに変化していきました。

他店の人たちは、私がノートを活用していることを知らなかったでしょうし、もちろん教えることもありませんでした。それが圧倒的な差別化につながることを当時から気づいていたからです。

他店は、どこの店にも当たり前にあった「コミュニケーションノート」を実践している程度にしか思っていなかったのでしょう。

しかし、セブン-イレブンの店舗でスタッフが書いた顧客情報のつまった**「コミュニケーションノート」は、仮説の宝庫だったのです。**顧客情報は、**「未来の売れるダイヤモンドの原石」**なのです。

2 スポーツのメンタルノートをアレンジしたノート

このノート術は、セブン-イレブン時代につくり上げたものですが、私がもともとスポーツの世界にいた経験を活かして進化させた点があります。

スポーツをする人は、メンタルトレーニングの一種として1日の練習をノートに書く習慣があります。

「練習時間」

「練習内容」

「体調」

「やる気」

など、項目を分けて書くのです。

私は、お店のノートをつくる際に、そこにアレンジを加えて、

「発注」

「接客」

「清掃」

「品出し」

などの項目を書いてもらう基本ルールを作成しました。また、その項目は臨機応変

に変えることも自由にできるようにしました。

ちょっとしたアイデアのようですが、経営者たちに当時のノートを見せると、

「本当に現場のパート・アルバイトスタッフがこのレベルで書きあげるのか、信じられない」

と言われました。そのたびに、

「このノートは、ただの1冊のノートではなく、絶対に価値のあるモノ」

と強く実感するようになったのです。

ちなみに、フリーキックの名手で、元サッカー日本代表の中村俊輔選手や、サッカー日本代表で活躍する本田圭佑選手も、ノートを活用していることで知られています。

本田選手は、自身がプロデュースした「夢ノート」で、

『前に進む力は、自分にしかコントロールできない』

さらに、

『自分を信じて踏み出すことは、自分にしかできない』

『自分がどうなりたいか、なにに向かっていくのか。そのヒントはすべて「夢ノート」に書いてある』

と言っています。

スポーツの世界では、**「意志力」「精神力」が勝負を左右しますが**、これらは、ビジネスの世界でも絶対に必要な要素だと思っています。

セブン-イレブンの鈴木氏の言葉に、

「顧客心理と統計学の視点をもった分析が必要である」

というものがあります。

私は最初、この言葉の意味がわからなかったのですが、店長になりたての頃に、少しずつですがこの視点を理解し、数値を確認するクセを身につけていきました。

そこに気づくと、今度は**「売上を生み出す情報」と「スタッフの育成」を同時に回せる**ようにできないかと考え始めたのです。

それが、お店の「経営」「数値」「育成」「情報」のすべてを1冊のノートにまとめるという方法でした。

そこで、以前私がいたスポーツの世界でのノート術を活用したのです。

IT・スマホ全盛時代において、なぜアナログとさえ思える「書く習慣」が必要なのでしょうか?

理由のひとつに、携帯やパソコンで書くと、ノートに書いたときよりも脳が活性化されないことがあげられます。もうひとつの理由は、携帯やパソコンではふり返る行動がしにくいことです。いつでも見られるだろうという心理が、行動を妨害するのです。普通のノートの方が全体管理に適しているので、組織向きとも言えるでしょう。

セブン-イレブンの創業期、素人集団が「POSデータもないので単品管理のモデルになる商品ひとつひとつのデータをノートに書いていた」という非常識発想(挑戦的思考)も、ヒントになっています。それが基になって、ノートを書くという**「人が育つ仕組み」**を考えだすことができたのです。

同じコンビニでも、セブン-イレブンとローソンでは組織づくりの考え方がまったく違うのですが、セブン-イレブンには「コミュニケーションノート」があり、ローソンにも同じように「オペレーションノート」というものがあります。しかし、ローソンの「オペレーションノート」は書く項目が決まっています。項目が決まっていると、効率を向上させる仕組みは定着しますが、「仮説思考」を全スタッフまで浸透させる部分は弱くなります。

3 WPLSサイクルと「8つの書くルール」

ところで、数値管理には、アメリカで生まれたアメリカ式のPDCAサイクルが最適と言われます。

これと似ているセブン-イレブンの「仮説→実施→検証」のサイクルは、どれも「数値」や「個」で動かすサイクルで最大効果を発揮します。

ノートを使った方法は、**「書く（Write）→実践（Practice）→学ぶ（Learning）→共**

感（Sympathy）」という流れで、**自然に全員経営を手に入れる手法**になります。このサイクルをそれぞれの頭文字をとって、**「WPLSサイクル」**と名づけました。

仮説を書いて実践することにより、どんな素人でも素質に関係なく、全員が商売・経営について自ら考えて行動できる組織になります。

私が導きだして実践した、このWPLSサイクルでは、8つの書くルールがあります。

《WPLSサイクル　8つの書くルール》

①情報共有して全員の目線をそろえる
②連絡と引き継ぎを徹底し、ミスやクレームを防ぐ
③スタッフを含め営業数値と売り方を共有する
④店長が目指す店舗コンセプトを宣言。それに対する感想を書いてもらう
⑤店舗や顧客情報を全員で共有する
⑥ほめ、認め、感謝を伝え、チームワーク力（全員経営）を高める

⑦ お客様のおほめの声を書き、スタッフをその気にさせ巻き込む
⑧ 新人スタッフは、必ず勤務初日に〝感想と決意〟をコメントさせる

このルールには、「書き続ける習慣」を生む仕掛けがあります。

ルールに従って書けば1日の仕事が頭の中で整理され、次回勤務時にふり返りができるのです。また、「成功事例・失敗事例」が蓄積され、同時にスタッフ間には共感が生まれていきます。

さらに、客層やヒット商品に加え、全スタッフの性格やタイプもわかり、コミュニケーションのきっかけづくりにもなるのです。

この流れできちんとノートが書き込まれているか、日々実践をしながらふり返ってほしいと思います。

WPLSサイクルが自然に動くお店は、すでに全員経営で動き出していると言っても過言ではないでしょう。

そして、パート・アルバイトスタッフの中で「売れる人」「育成できる人」が育っ

ていくと、経営者や店長の時間創出が可能になり、経営に専念することができます。常にWPLSサイクルで正しい行動ができる組織になるように、ノートを活用してスタッフを教育しなければいけません。

スポーツの世界では、「練習量」がものを言います。スタッフビジネスの現場でも、「書く練習」を積ませる経験が必要です。

『東大合格生のノートはかならず美しい』（太田あや・文藝春秋）や『情報は1冊のノートにまとめなさい』（奥野宣之・ダイヤモンド社）といった書籍が話題を集め、ベストセラーにもなっています。

なぜ、スマホが全盛のこの時代に、**「書く技術」のニーズ**があるのでしょうか？

理由は、簡単です。

書くことで、自分の考えを整理できるからです。

店でノートを書いて考えを整理する経験をつむことでスタッフが成長し、現場組織を強くすることができるのです。

たった1冊のノートを使って店長がスタッフと意識的にコミュニケーションを交わすだけで、**全スタッフの経営意識を高め、「スタッフ育成とダントツに売れる力」が実現**するのです。

特に新人スタッフは、会社の経営理念や目標を知らずに採用されていることが多いはずです。すべてを理解して、最初から店の戦力として働いてくれるスタッフは、ほとんどゼロだと考えた方が良いでしょう。だからこそ、スタッフ育成において、ノートの果たす役割は非常に大きいと言えるのです。

4 結果を書くことで商売意識をもつ最強スタッフが生まれる

第一章の「1分間朝礼」でも書きましたが、仕事始まりの1分間で、売上の目標を意識させるために、スタッフには前のシフトの運営状況と売上と予算の進捗をまとめて伝えます。

そして仕事終わりの1分間で、その日の販売結果とお客の動きを検証しながらヒアリングします。

その後、結果をノートに書くことにより、スタッフの脳に1日の仕事の流れが整理され、記憶しやすくなり、次の勤務時も業務前から仕事のことを意識するようになります。そして、わからないことがある場合は、店長に聞くのではなく、まず「ノートの中から答えを見つけ出そう」と、自ら行動するようになるのです。

この行動が、より「仮説の精度」を向上させます。スタッフ自らが考える組織になり、さらにリーダーがスタッフを指導する環境づくりにも役立ってくるのです。

そして、「成功事例」だけでなく「失敗事例」も書くことで、自店における商売はどのような商品が強いのか？　また、どのようなお客様が来店されているのか？　という数値データだけではわからない顧客心理を含んだ情報を得られるのです。

この流れが全スタッフの中で好循環するようになったお店は、地域の中で一番強いお店になり、競合が出店しても「勝てる組織」へと成長していきます。従来の大手企業ではこの育成方法を取れない要因があるため、中小企業や5～50店舗の多店舗展開企業に一番適していると言えるでしょう。

なお、もし新人スタッフが、「セールストークを頑張ったがなかなか売れませんでした。残念です」という感想を書いたならば、売れなかったことを責めるのではなく、セールストークができたことについてほめる対応をしてフォローすることも大切です。

良い働きグセが身につくと、スタッフたちがお店のファンになってくれます。ファンは、お店の自慢をしたくなるものですから、家族や知人にお店の良さをドンドン話してくれます。すると新しい固定客をお店に紹介してくれる可能性も出てくるのです。

誰でも自分がイキイキと楽しく働く姿を、人に見てほしいものです。全員でそんなお店づくりをしている組織は、売上が自然と上がっていくはずです。

5 経営者や店長はスタッフが書いたものにコメントを書く

コンビニのマニュアルは、作業を覚えること、クレームを防ぐことに特化してつくられているものが多いです。そこには、売上に直結する行動や経営理念に基づいた行動などは書かれていません。しかし、店長は新人スタッフが入ったら、3カ月以内にお店のファンになるように、どんな商売をしている企業なのかを教える必要があります。

ですが、実際現場にはそんな時間はなく、私自身も店長時代、それらを教える時間はほとんどありませんでした。

そこで、情報誌、社内報、新聞などで自社のビジネスに必要な要素を全スタッフに見せ、その感想をノートに書いてもらうことを習慣化するようにしました。

その結果、「販売協力・利益意識・チームワーク」が、ものすごく高まり、スタッフの商品知識、業界知識も自然と身につくようになったのです。

また、スタッフには発注など重要な業務を任せますが、そこで店長自ら正しく実践しているかを確認したり、ポイントを説明したりすると時間的拘束が長くなってしまいます。

たとえば、店長が20名のスタッフに各5分の「商売の意識づけ」をすれば、合計100分の時間を拘束されてしまいます。

その無駄をなくすために、ノートを使います。発注についてスタッフが書いたもののに、経営者や店長がポイントを絞りこんで赤字でコメントするのです。

店長のコメントを見ると、スタッフ側には「見られている意識」が芽生え、店長自身は「育てるスキル」が向上します。

なお、スタッフがノートを最初から上手に書けないのは当然です。訓練の場と割り切って対応しましょう。返答は、ポジティブな言葉を使い、分かりやすくシンプルな表現で行うことです。時間を取れない場合はノートに押印し、見ていることを間接的に伝えるだけでも良いでしょう。

POINT

ノートでコミュニケーションをする

コミュニケーションは、信頼関係を構築する上でもっとも大切なモノです。現場にはいくつもの業務が存在し、店長にとっては言い訳できることがたくさんあります。管理職・SVはこれを見逃してはいけません。そのために「書く習慣」で**ノートを通じた効率の良いコミュニケーションを構築して**いきます。会話のみのコミュニケーションは、現場業務をしながらではなかなか育ちません。ノートに「記録」することでいつでもふり返ることができ、**スタッフの成長記録と自分自身の成長も確認できる、**ほかに類をみない手法なのです。

第三章

ノートを実践する

No.

Date　・　・

売れる仕組みとチームワークを連動させる

LEARNING GOAL

1　スタッフのタイプを理解して「売れる」集団へ

コンビニのアルバイトは、勤務開始から2週間以内で辞める人がもっとも多いと言われます。

その期間には採用育成コストがかかっており、その上、売上に直結する数値結果を出せないまま辞めていっているのです。スタッフたちが本当にお店の戦力になったのかどうかを判断する以前の問題です。

人手不足の中で、せっかく自店を選んで勤務したにもかかわらず、戦力にならず、仕事の楽しさやおもしろさを体験することもなく、過ぎ去るように彼らは退職していくのです。

そんな非常にもったいない悪循環サイクルをなくすためには、新人スタッフとベテランスタッフで信頼関係をつくる仕掛けが必要になるのです。

それにも、ノートが活用できます。

第二章で説明しましたが、面接時に新人スタッフには、最初のオリエンテーションで見せる研修ＤＶＤの感想を書いてもらうルールを伝えます。そして、各項目についてひとつずつ感想を書かせることを徹底させます。

こうすることで、新人スタッフはお店の仲間入りができたと感じることができます。

また同時に、どんなスタッフたちがお店をつくりあげているのかを判断できるのです。

そして、このノートを通じて、店長は、その新人がどのようなタイプのスタッフかを判断できます。

スタッフのタイプは、大きくわけて４つあります。

《1、リーダースタッフ向き（コントローラー）》
もともと商売センスがあり、挑戦思考で行動派。
決断力があり、思いどおりに物事を進めたいタイプ

《2、まとめ役スタッフ（アナライザー）》
冷静でデータ主義。真面目で数値データや情報収集が得意。
チラシ計画を立てるのが得意

《3、販促担当スタッフ（プロモーター）》
店舗へのアイデアが次々に出て、人と楽しいことをするのが大好き。
大雑把で飽き性なところもある

《4、教育担当スタッフ（サポーター）》
協調性が高く、ほかのスタッフの気持ちに敏感。
人を教えるのが好きな分、NOと言えない面もある

スタッフのタイプがわかれば、ベテランスタッフや店長にとっても、**育成方法の「傾向と対策」**が見つかります。

採用育成については現場業務と違い、タイプ別に教育せずに一律の教育スタイルで育成しているお店が多いように感じます。

事前にノートを書かせ、それを読むだけで、新人スタッフがどんなタイプか、どの程度の意識レベルがあるスタッフなのかを確認できるのです。

ベテランスタッフは話す前からタイプを知ることができ、店長は次回の研修時にどの項目を強く教えるべきか？ の判断基準にできます。

また、店長は**新人スタッフの「学びたい欲求」とベテランスタッフの「教えたい欲求」を、ノートを通じてうまくコントロールする**必要があります。ベテランスタッフにすべてを任せてしまうと、ただの「交換日記」になってしまうからです。

気をつけるポイントは、新人とベテランのコメントに店長が必ず赤字でフィードバック（返事）することです。そして、ほめる場合は一度ノートでほめ、その後必ず対面でそれぞれをほめることが大切です。

そうすることで、新人スタッフとベテランスタッフがスムーズにコミュニケーションを取ることができるのです。

私は、この全スタッフがつながったチームビルディング体制で、コンビニの代表的商品のおでんを1日平均300個、最高単日販売では、客数より多い販売数を出したことがあります。

単品販売についてもチームでお店を動かすので、ダントツの販売を記録して、最高で週間3000個以上販売したものもあったほどです。

そのときは直接メーカーから電話がかかってきて、「本当に発注して大丈夫ですか？」と聞かれたほどです（データは残っていないのですが、販売数は日本一だったと記憶しています）。

店長とスタッフの信頼関係が生まれると、「売れる仕組み」が育ちやすくなります。

そうなると、お店全体の販売をコントロールすることさえ、できるようになるのです。

2 「仮説」を積み重ねることで商売への自信へとつながる

発注業務と同じように、売場づくりは、自ら考えて行動した結果、売れるとさらにやりがいが生まれるので、スタッフが商売を擬似体験する絶好の機会となります。

そこで、スタッフに発注を覚えさせるときは、**「仮説」をノートに書く習慣を積み重ねてもらいます。**

自ら立てた「仮説」をふり返ることで、スタッフは、一層仕事にやりがいを感じて自主的に仕事をするようになっていくのです。

「2月の初めは恵方巻き寿司が500個以上売れるかもしれない」「今年の11月は、クリスマスケーキの予約を300個以上獲得できるのではないか」

など、現場を通じて感じたことを、仮説として自由にノートに書いてもらうのです。

それを店長がチェックし、その内容を売場に反映すれば、店舗のマンネリ化を防ぎ、スタッフが店舗の活性化に貢献するようになります。このようなマネジメントがうまくいけば、経営者自身、経営にやりがいを感じて、店舗力もどんどん伸びることになります。

さらに、このプロセスをノートに書くことにより「見える化」させ、すべてのスタッフがわかるようにします。プロセスを開示することでお店全体の成長へとつながるのです。

組織として発注を分担する大きな意味がここにあります。

素質やモチベーションに関係なく、仮説をノートに書くことで、徹底的に基本を身につけた、自由に行動ができるスタッフが生まれてくるのです。

書くことを習慣にすることで、基本の土台がレベルアップしながら「仮説」で考える思考もアップしていきます。

お客様を相手にするサービスである以上、いかにお客様に共感、満足していただくかを考えることが大切です。書くことで、スタッフに自然と「商売の心得」が身について、地域に愛されるお店になるのです。

ノートに書くということを積み重ねた努力は、絶対に裏切りません。

書くことで、**スタッフたちは「目に見える自信」**を身につけていきます。

「目に見える自信」は、すなわちお店全体の成長ストーリーとなるのです。

これを繰り返すことで、**お店は「共感型組織」**になり、**「絶対的な価値」を手にいれる**ことができるのです。

3 チームの力を認識させる書くコミュニケーション

店舗運営を店長ひとりで実践することが難しいように、ひとりのスタッフの力でダントツの販売数を生み出すことは難しいでしょう。

それを可能にするのは、スタッフの**「チームワーク力」**と**「リレーションシップ力」**です。

チームワーク力とは、文字通りチームで働いて発揮される力のこと。リレーションシップ力とは、違うチーム同士の関係を強化する力のことです。

コンビニの営業時間は24時間なので、スタッフが勤務する時間帯は異なることが多いものです。それは、全員でお店を運営しているという意識が弱くなることを意味しています。

その状況をなくすために必要となってくるのが、「チームワーク力」や「リレーションシップ力」なのです。

チームワーク力が乏しいと、同じ時間帯で働くスタッフ同士の意思統一がはかれず、異常値とも言える販売数を達成することは不可能です。

まずは、同じ時間帯のスタッフがチームであることを認識させる必要があります。それを実現するのがノートなのです。**日頃からノートを書く習慣をうまく活用することが重要になってきます。**

お店全体でノートをふり返る習慣が身についている場合は、前回の業務や今までの業務を確認することが普通になっており、その習慣がうまく活用できます。

たとえば、あるスタッフが**「今回の目標達成にはあと30個の販売が必要です。私たちの時間帯に必要な販売数は15個ですが、それ以上に販売して、ほかの時間帯のスタッフに私たちが一番売っているチームであることを見せよう！」**と書いたとします。

このコメントによって、「チームワーク力」や「リレーションシップ力」が発揮されます。今回の販売数だけでなく次回の販売イベントのときにもこの数が比較指標になるので、時間帯の異なるすべてのスタッフが、これを意識するようになってきます。

このように組織でノートを書くことを積み重ねていくことで、「チームワーク力」「リレーションシップ力」が向上し、異常値販売を達成するという成功体験を組織で体感することができるのです。

スタッフの「チームワーク力」「リレーションシップ力」が大きくなると、**店長は、「販売目標の仮説」と「1日の販売予測」のみに集中できます。**その結果、精度の高い目標数値が実現可能になり、それに必要な発注数も事前に準備することができます。

お店全体の「チームワーク力」「リレーションシップ力」は、お客様にも感染していきます。スタッフたちがワクワクと働いている姿を見ると、自然とお客様も販売協力してくれるようになるのです。

お店がここまでのレベルに成長した場合、通常のお店の平均販売数の10~20倍の数値を出すことも可能になってきます。お客様を味方につければ最強だからです。

「売る集団」より、「自然に売れる集団」の方がダンゼン強い!

売る集団は、いつも販売ストレスと隣り合わせであるのに対し、売れる集団は、お客様に「あの人から買いたい」「あの人の接客を受けたい」と思わせてしまうのです。

また、「チームワーク力」「リレーションシップ力」が大きいお店では、売れる販売員の考え方、習慣がノートを通じてお店全体に共有されていきます。正しい接客、販売の極意がスタッフからスタッフへ受け継がれていくのです。

基本は、すべてノートに書くことです。

売れる情報もすべて書くことから始まります。そして、売れた結果も書いて検証するのです。その検証結果を他の時間帯のスタッフに見せることでリレーションシップが生まれるのです。つまり誰でもできる「書く」という行為が、どんなスタッフでもコミュニケーションのとれる最強のツールとなるのです。

「書く」という習慣ができてくると、お店全体の業務において、ものすごい結果がついてくるということなのです。

今の時代、チーム経営が求められているからこそ、必要不可欠なのは、「書くコミュニケーション」なのではないかと考えています。

4 書くことでSV・店長の指導スキルが磨かれる

ノートでSVや店長のスタッフ指導・育成スキルを向上させる方法があります。

学び方を身につける時期にある「新人スタッフ」に焦点をあて、ここまで説明したノートの使い方を、

「基礎的なノートの書き方指導」

「ノートの仮説・情報を活かすための指導」

「現場の中で活きるノートづくりの指導」

の3つにわけて指導させるのです。

これは私自身がSVになったとき、担当店舗を指導することに活用できると考えていたことです。

ノートを使ってこの3つのステップの指導をすることで、全スタッフはよりゴールイメージをもって現場業務をすることができます。

店長時代に、ノートを通じてスタッフを指導するクセをつけていれば、SVになったときにはすでに高い指導力を身につけていることでしょう。

最初から全スタッフの能力、意欲、経営参加、スタッフのタイプを店長ひとりで把握するのは難しいです。もちろん、日々の基本業務をこなすのが精一杯の商売スタイルでは、その傾向が強いと思います。

だからこそ、いつでも、どこでも、確認と検証ができるノートでの指導法が、店長の指導スキルを向上させるのです。また、「ホンネ・タテマエ」をノートに書かせ続けることで、よりスタッフの能力、意欲、経営参加といったスタッフのタイプが見えてくるようになるのです。

5 現場の情報は実は経営者が求めるものである

組織、店舗の規模が大きくなると、経営者は現場の細かい施策がわからなくなっていくものです。

それは当然でしょうし、ある程度は仕方がないことです。しかし、重要な顧客情報まで経営者の耳に届かなくなるような組織体制は、危険と言えます。規模が大きくなるほど、たったひとつのミスが取り返しのつかないケースになるものです。

特に、「食」を扱うビジネスでは、口コミによって、とてつもなく早いスピードで悪い情報が消費者に蔓延していきます。しかし店長の耳には、えてしてそれがなかなか入ってこないものです。

しかし、そのような情報も、それを現場で感じたスタッフがノートで報告することで、店長もすぐに知ることができます。

販売データは数値で確認ができます。しかし、顧客がどのように購入したか、あるいはしなかったかまで分析するのは簡単ではありません。ＩＴ技術を使えばある程度はできますが、多額のコストがかかります。

そこで、たった1冊のノートが活躍するのです。

その記録は、**コストをかけずにできる顧客の購入行動分析**になります。また同時に、「売れる理由」「売れない理由」というマーケティングの要素も、手に入れることができます。

たいていはスタッフの中から顧客情報をつかむのが得意な者が現れるので、その人から「第三者評価」を聞くべきです。そうすることでスタッフたちが、小商圏型商売の小さな感情マーケティング集団となるでしょう。

POINT

販売とチームワークを連動させるマネジメント――

ＳＶ・店長の職種は、似ているようですが、求められるスキルが違います。ですが、キャリアプランは階段式でステップアップしていきます。この矛盾を乗り越えなければＳＶになったとき、また一から苦労しなければなりません。

その苦労を最小限にするために**スタッフを育成して売れる販売員にする経験数を増やせば、**ＳＶが担当店のオーナー経営者に説得するような擬似体験ができます。その考えの基本は仮説思考ですが、脳が習慣化されると書かなくても脳がクセづけされ**仮説思考・客観的視点が磨かれていきます。**そのためには**販売と育成を週次で取り組む必要があります。**

第四章

ノートを通じて商売を学ぶ

No.

Date ・ ・

ノートの情報が武器となりスタッフが戦力化する

LEARNING GOAL

1　検証を繰り返せる環境づくり

商売・経営に参加してくれたスタッフがいつまでも働いてくれるとは限りません。だれもがいずれは退職することを、経営側は理解する必要があります。永遠に勤務してくれる魔法のような人材ばかりが集まってくれる可能性は、限りなくゼロに等しいのです。

しかし、ノートを書くことで商売を学ぶ場ができあがっている店なら、スタッフがいなくなった後も、次のステージで仮説を検証できる店になっているはずです。

そこで効率の良い検証をするには、スタッフたちがノートを書きやすい環境をつくることが大切です。

休憩室やバックルームに、簡易的なもので良いのでノートを書きやすいテーブルを用意します。そして、2名以上で座れるイスがあれば、ノートを検証できる環境ができます。
商売を勉強するモードにさせる場所をつくること！
これが大切です。

ノートを継続させる3つのコツ

① スタッフの「やる気」には期待しすぎない

やる気があるときと、ないときには差があります。重要なのはモチベーションが下がっている時期でも、一定量の検証ができる「書く」仕組みを活用することです。

② 「やる気」ではなく「習慣」が重要

できるだけ書く時間と場所を固定し、書く習慣を意識させましょう。自力でその習慣をつけられない場合は、一緒に勤務するスタッフのサポートが必要です。

③ お店全体の雰囲気を利用する

リーダースタッフやベテランスタッフが積極的にノートを書いているところを

若手に見せることで、モチベーションに関係なく、みんなが行動して成果を出す雰囲気ができます。

まず、スタッフのやる気に期待しすぎないことです。

みなさんも、スタッフに期待しすぎて失敗した経験があるでしょう。それが続くと、次第に店長自身も育成する自信をなくし、自己嫌悪に陥ってしまいます。お店のトップがその状態では、業績は向上しないのです。

そうならないためにも、とにかく書く習慣を続けることでスタッフ・データが蓄積されて、やがて店独自の教科書が自然にできあがっていくのです。

パートさんたちは、外で学んだり書いたりする習慣がない人が多く、慣れるまでに時間がかかるかもしれません。しかし、周りの高校生、大学生スタッフに感化されて、次第に集中して書けるようになります。

実はスタッフの年齢差が、非常にありがたい関係となるのです。

社会経験があるパートさんたちと一緒に仕事をすることで、高校生や大学生も、学校では教えてもらえない経験を身につけることが可能になるからです。

2 書いてふり返ることで「アタマ」を鍛える

私がセブン-イレブンにいたとき、鈴木敏文氏は簡単な心理学や統計学が商売に通用することをよく発言していました。

スポーツの世界にいたときでも、メンタルトレーニングやイメージトレーニングでノートを活用していました。どんなときでもメモをとることや書く習慣が私にはあったのですが、**私の中で、「常識」であったことが、店舗ビジネスの世界では「非常識」であったのです。**

店長をしていた頃、「なぜ業務を記憶できずに忘れてしまうスタッフがいるのだろう？」と不思議でしたが、よく観察すると、そういうスタッフはメモをとっていないことに気がついたのです。

そこで、書くことに加え、**脳科学を活用した記憶定着のテクニック**を取り入れてみました。

一番重要なのは、**復習のタイミング**です。

《業務を記憶させる復習のタイミング》
①勤務の終わりに、本日の業務をふり返らせる
②1週間後の勤務で今までの業務をふり返らせる
③1カ月後に、育成の進捗をふり返らせる

心理学者エビングハウスの忘却曲線によると、人間は暗記したことを1時間後には半分以上忘れているそうです。なにもしないと、1カ月後には80％を忘れているのだそうです。

しかし、復習をした場合は、記憶が強化されて定着していきます。

復習は時間が空いてしまうと効率が悪くなります。まず、業務を終了したときに必ずメモを見返す習慣をつけさせるのです。そして、次の勤務後にも必ず復習させます。さらに1カ月後には、どのくらい成長しているか5分くらいのプチ面談をして確実な記憶にしていきます。

もうひとつ、工夫することがあります。

旅行や結婚式のように印象に残るできごとは、いつまでも覚えている、という経験はありませんか？

その性質をうまく活用して、成功事例を楽しむ場を経験させるのです。そうすると、強い感動をもって記憶します。そうすることにより、スタッフが自然に「またあの成功体験をしたい」と思うような組織づくりができるのです。

《記憶するには良いことと悪いことのバランスが大切》

成功体験は　「楽しい、おもしろいこの仕事」→◎強い感動で記憶される

失敗体験は　「つまらない、辞めようかな」→×記憶が定着しない

店長自らが、スタッフに売り込むプレッシャーばかり与えると、失敗をしたときの記憶が強く残り、「やらされ感」で疲弊してしまうので注意が必要です。

逆に、このお店は自分たちがつくり上げたものだとスタッフが思えるようになれば、「楽しいから、記憶しよう」と、脳が錯覚を起こすのです。


書いてふり返って定着させるという脳の仕組みをうまく味方につけましょう！

3 接客の情報は固定客をつくるために活用しよう

ダントツに売れる勝利の集団になり始め、顧客情報が集まりだすお店や組織は、接客技術に「おもてなし」の要素を取り入れると、さらに売上アップにつながります。

ダントツに売れても押し売りをするだけでは、お客はいずれほかのお店に流動してしまうでしょう。

それを防ぐためには、「フレンドリーサービス」や「セールストーク」が必要です。しかしそれだけでは、お客様の記憶に良い接客のお店ぐらいの印象しか残りません。

そこで、**1冊のノートに書き溜められた顧客の購買情報を利用するのです。**

このノートは、売るためだけではなく、顧客を接客で「おもてなしする情報」まで与えてくれます。

「このお客様はこういう接客をしたら喜んでくれた」という情報をノートで共有するのです。

客単価が低いビジネスであればあるほど、感じの良いおもてなしに対して顧客はすごいと共感するものです。高級店で同じ接客をしても、そうはいきません。大きな感動を与えるハイレベルなサービスでなければ、顧客は喜ばないでしょう。

多店舗経営のお店ならば、接客のうまいスタッフが多くいるお店をモデル店舗に設定しても良いでしょう。そして、他店のスタッフに見学させれば、より接客技術が向上していきます。

最終的には、自社での接客コンテストや接客研修ができるレベルになれば理想的です。

そうなるためには、ミーティングでスタッフをほめて表彰することです。

また比較視野を広げるために、一度は高級店にスタッフを出向かせ、接客を体験させてみるのも良いでしょう。

これからは、シニアマーケットが大きく伸びることが予測されます。

だからこそ、ますます「おもてなし」は、固定客づくりの基本になります。シニア層は、一度「この店の接客は良い」と認めれば、固定客になりやすい特性があるからです。

4 売上数値では見えない顧客心理

現場では数値データで見えてこないものがあります。

それは「顧客心理」です。

店長不在時の時間帯ほど、数値データで見えてこない「顧客心理」が多く潜在しているように思います。それをリカバーするために、いつ、どのようなお客様が来店されて、どのような商品を購入したかをノートに記録させていくだけで、大変な助けになります。

たとえば、深夜は「売れない」というイメージがありますが、実は、終電間際の22時〜24時の客数は割と多いのです。

しかし、シフトインしたばかりの深夜スタッフは、納品作業などに追われることが多く、接客をおろそかにするケースがあります。

つまり、**「もう1品買ってもらう接客」**をすることができないのです。

そこで、ノートで業務の報告をさせ、深夜のセールストークを検証するようにすると、驚くようにお店の数値が動きだします。

ノートを書き続けていれば、たとえば「顧客心理とは、新しいものに関心があって、飽きやすい」という消費者の特性もわかってくるでしょう。

そうすると、**顧客の購買心理を分析する必要性を感じながら働くスタッフが増えてきます**。そして、なにかのきっかけでお店を利用するお客様が増えたときに、その経験をもとに、発注をしたり、お客様との心理的距離を縮める接客をしたりするようになるのです。

さらに、その顧客から口コミや評判が広がると、その地域全体での利用率が急速に高まっていきます。

このようにノートを活用することで、セブン-イレブンの店長をしていたときに、毎週のように「驚くべき販売数」をたたき出すという経験をしたことがあります。

さらにすごいと思ったのは、ノートメソッドが店に定着すると、驚くべき販売数＝

「限界点」をコントロールして販売することが自然と可能になってくるのです。

これは、世間の流行としてもよく見られる現象です。最初は小さなブームだったのが口コミで広がり、あるとき「限界点」に達し、一気にブレイクして、大きなトレンドへと変わっていくケースです。

たとえば、インフルエンザの急増で予測を超えてマスクの品切れ店が続出するとか、ダイエット関連の商品が口コミから爆発的ヒット商品になるようなケースに当たります。

これは、誰も予測しないところから始まるのかもしれません。しかし、**消極的な行動であったならば、この流れを予測することはできない**でしょう。

挑戦する意欲が、顧客の心理を鷲づかみにするのです。ある意味で全スタッフが、流れを予測する（できる）集団になることもできるのです。

POINT

すべてのスタッフを戦力化させるには分析すること――

スポーツの世界とスタッフの戦力化は似ていて、**肉体的強さ（訓練回数）と精神的タフネス（商売認知）を上げなければなりません。**そのためには、自己分析をし、セルフイメージを高めます。習慣化された選手（スタッフ）は、監督・コーチ（経営者・店長）がいなくても、毎日練習後に自分自身で練習・挑戦を継続します。組織の中に、そんな選手が増えるほどに育成・販売はさらなるステージへ成長し、**驚意的な結果をコントロールできるようになる。現場とそこで働く人にしか答えは存在しません。**

第五章

1冊のノートで共感型組織になる

No.

Date ・ ・

成功・失敗事例を全員で共感する経営が始まる

LEARNING GOAL

1 成功と失敗事例を書くことで全スタッフが同じ意識をもつ

人の記憶とは、非常に曖昧なものです。おとといになにを食べたかさえも思い出せない人もいるのではないでしょうか？

目の前の業務に追われ、業務のポイントやコツを見逃し、同じサイクルで失敗を経験したことはないでしょうか？　個人に起こるこのような現象が組織で起こったらと考えると、ゾッとします。


店舗ビジネスにおいても同じです。

ただし、成功・失敗事例を1冊のノートにまとめていれば、全員が同じ情報をもち始めて、同じ目標に向かえるのです。

ノートには、成功と失敗事例を必ず書くようにして、みなで共有します。

その中で、まず小さな勝利（成果）を納め、それを積み重ねていくことでお店や組織の「型」ができていきます。そして、強い組織として勝利に向かうチカラを手に入れて、やがて地域密着型のオンリーワンのお店になるのです。

私たちは、小学校のときから書くことを継続しています。書くことで商売・経営の基礎力が習得できるのです。時代を超えた日本イズムとして、これを継承していけば、「自ら考える習慣」を身につけ、「脳を活性化させる習慣」とも連動させることができるのです。

その結果、基本を身につけた変化に強い人となり、組織で人を動かすことができる人にもなれるのです。

2 「商売マインド」のあるスタッフは共感型集団になる

ノートを通じて「商売マインド」が身についたスタッフたちは、共感型組織で動くようになります。

通常は、店長自身が販売の主役であるため、業務の負担は大きいのですが、スタッフを経営参加させることに成功した勝利する集団であれば、スタッフ自らが考えて動いてくれます。書くことで習慣化された「リレーションシップ力」と「チームワーク力」をうまく活用するのです。

このレベルまで成長したスタッフたちには、「商売の心得」が身についています。そして、地域に愛される一番店になりたいという「成長意欲」があります。あとは、経営者と店長自身がステップアップしていけば良いのです。

高校野球にたとえるなら、まずは地区代表クラス、県代表クラスでの優勝を目指す販売目標を立てていくイメージです。

それがクリアできたら、次の勝利に飢えているスタッフたちに、まだ違う世界には好敵手（ライバル店）がいることを数字で「見える化」して、全国クラスを目指すのです。

これがクリアできたら、最後は全国制覇を目指していくのです。

そのときに、店舗規模も加えてスタッフたちに説明すると、よりリアル感が出て、強い力が生まれていきます。１００店舗中の№１や１０００店舗中の№１と、順をおって情報開示していくのです。

ゴールイメージが明確になった商売マインドをもつスタッフたちは、驚くべきセールストークを実践するようになり、通常の10倍近い販売数を記録することもあります。多店舗経営なら、その店舗数×成果になるので、10店舗経営なら１００倍の売上になるのです。そのようにものすごい販売数を動かす仕事だと、スタッフにあらためて伝えていくことで、より高い効果が出てきます。

たとえば、普通に10個売れる商品なら、ダントツ店舗は１００個販売できるでしょう。

ダントツ複数店舗なら、1000個の売上を達成できるのです!!

これはものすごいスケールメリットの売上になります。

さらに、売る楽しさを全員で共感することにより、新人スタッフが辞めにくい環境が自然とできあがるのです。

そして、店長が忘れてはならないことがあります。スタッフ全員で取り組んで出した成果は、スタッフたちにとって、今後就職活動や、アルバイトの履歴書を書く際に使える体験談となることを教えてあげるのです。

3　権限を委譲し、パート・アルバイトを主役にする

商売・経営においての社長の仕事は、現場作業ではありません。社長の仕事は、経営に専念する、もしくは経営に専念する時間を創出することです。

それを実現するためには、パートやアルバイトにも「商売人」の感覚をもってもらう必要があります。

そのためには、

「役割を分担して権限を委譲する」

「全員が主役になれる自由な職場環境をつくる」

ことが必要となります。

《役割を分担して権限を委譲するには》

①　仕入れ権限を任せる

② 売場構成権限・接客権限を任せる
③ 新規商品・販促チラシ権限を任せる

右記のようにそれぞれの権限を売場責任者に任せることで「商売人」の意識を高めていきます。

《パート・アルバイトが「主役」になれる自由な職場環境をつくるには》

① 売場構成や仕入商品の決定など、自分の「感性と責任」で行動させる
② 次世代リーダーを任命するなどして自己実現をさせる

スタッフに「商売・経営の疑似体験」を提供することで、店舗や組織を第3の場所（サードプレイス）へと位置づけを変化させることができるのです。

これを実現させるために、モデリングする企業は、広告費より育成教育費にコストをかけ、正社員離職率8％（業界平均29％）という「人を尊重する経営」にこだわる

スターバックスが良いでしょう。

店長をはじめスタッフたち全員にスターバックスを消費者として視察させ、オペレーション作業ではなく、スタッフ同士の会話を中心に観察してメモをさせると、新しい発見や発想が生まれてくるはずです。スタッフの頭で考えさせて、商売体験を通じて学んでいくことを徹底的に教育するのです。

このような「研修」を経て、主婦、高校生、大学生でも商売・経営を語りだす環境が生まれやすくなります。

4 1冊のノートで独自の店づくりをする

不況が続く現代で、マニュアルが意味するものは、はたしてなんでしょうか？

マニュアルによって、お店の独自性や価値観をつくることができるのでしょうか？

私は非常に難しいように感じています。

もちろん最低限のオペレーション業務を習得するためであれば、マニュアルの活用も納得ができます。しかし、その先にある「おもてなしの接客」をお客様に提供できるのかと言うと、疑問です。

そもそも接客の極意は、マニュアルからは育ちません。

マニュアル通りの機械的な接客方法では、相手に気持ちが伝わらないからです。

では、どうすれば「おもてなしの接客」がスタッフ全員に身につくのでしょうか。

たとえば、ベテランのスタッフは、自分がレジに立つときだけでなく、売り場にいるときも常にレジの方に目を配ります。まだ仕事に不慣れな新人スタッフが業務に困惑していたら、フォローに回り、手本を見せることができます。

そのときの基本スタンスは、**「顧客の立場」**で考える視点にあります。これが「おもてなしの接客」につながるのです。

良い接客とは、要は**「自分が客だったらこうされたら嬉しい」**と思う接客をすることと、反対に**「こうされたら嫌だ」**と思う接客をしないことです。だから、基本はそんなに難しくないはずです。しかし、それを継続して全員で取り組むことは意外と難しいのです。

接客は、売場にある商品たちを輝かせる演出のようなもの。その演出に共感したお客様が固定客となり、厳しい環境の中でも商売することを支えてくれます。

このような**「おもてなしの接客」**は、本部が考えたマニュアルではつくりあげることができません。その理由は明白で、**全スタッフが共感していないお店にお客様が共感しない**からです。

チームワーク力を育てながら共感するコミュニケーションの方法は、たった1冊のノートを通じて可能になります。

いわば「商売語録帳」代わりのようなものです。

1年間継続してノートを記録することで、**全スタッフを通じて自店特性を把握したお店づくりをしていることが見えてくる**から、不思議なものです。

これは、唯一無二の「最強の教科書」になりえるのです。
そしてこの中から、必ず**育成の「答え」**が見つかるのです。

POINT 全員参加型経営は、共感がカギ

スタッフにノートへの記録を習慣化させることで、全員参加型経営の共感指導を手に入れることができます。スタッフのことを知らなければ絶対に共感できません。**スタッフがなにを書いたか興味をもつことから始め、**指示をどのように理解し、どのように業務したかの検証をして、スタッフ全員の「記録」がそこから導きだした言葉で指導すれば、スタッフも同じように顧客を分析することができます。**ノート1冊書き終わったときには、すでに共感は始まっています。**こうして、固定客の心をつかむ自社らしい**「無敵」の地域一番店が誕生します。**

習得セルフチェックリスト

項目	内　　容	ステップ1 読んだ日	ステップ2 習得した日	ステップ3 スタッフに教えられる日
	第五章　１冊のノートで共感型組織になる			
	【成功・失敗事例を全員で共感する経営が始まる】			
	1　成功と失敗事例を書くことで全スタッフが同じ認識をもつ			
	2 「商売マインド」あるスタッフは共感型集団になる			
	3　権限委譲し、パート・アルバイトを主役にする			
	4　１冊のノートで独自の店づくりをする			
	合計／新しくなった自分の強み（　　　　　　） 基本力がどこがあがった（　　　　　　）			

【商売マインド　セルフトーク用】

未来：どんな自分、どんな商売人になっていますか？
未来：どんなお店、スタッフを育成していますか？
現在：どんな自分で、どんな商売人ですか？
現在：１冊のノートを活用することでどんなスタッフ、お店を創りあげますか？

～強い組織をつくるマネジメントワード～ 目指せ！最強組織への道
何のために働くのか？　誰のために働くのか？　意識していますか？ 経営者はそこを捉えて「最高の夢・想い」を語ってください‼

普遍的な力　365日×唱和回数(　　)＝年間の積み重ねた自分の行動結果

慣れたら自分の好きな言葉や今、取組んでいるビジネスの言葉に変えて最適化してください。

【コメント記入欄】

セブン-イレブン流　売れる人になれるノート

所属・店舗		店長・社員	年	ノート歴		入社年月	年　月
SV暦	年　ケ月		自分の強み		氏名		

＊読んだ日（トレーニングした日）・習得した日・スタッフに教えられるようになった日で自分の成長に活用する。
例えば…九九を学んだ日と習得した日と人に教えられる日は違います

項目	内　容	ステップ1 読んだ日	ステップ2 習得した日	ステップ3 スタッフに教えられる日
	第一章　セブン－イレブンという組織風土			
	【「仮説→実施→検証」というサイクル】			
	1　セブン－イレブンが求めるスタッフとは？			
	2　アルバイトにも業務をまかせる風土			
	3　初めてのバイトでも利益を語るスタッフたち！			
	4「絶対的価値の追求」で顧客の心を鷲づかみする			
	5　1分間朝礼コミュニケーションのすすめ			
	合計／新しくなった自分の強み（　） 基本力がどこがあがった（　）			
	第二章　ノートを書くコミュニケーション			
	【書いて売れる仕組みを理解する】			
	1　研修初日に感想を書くとスタッフが育つ			
	2　スポーツのメンタルノートをアレンジしたノート			
	3　WPLSサイクルと「8つの書くルール」			
	4　結果を書くことで商売意識をもつ最強スタッフが生まれる			
	5　経営者や店長はスタッフが書いたものにコメントを書く			
	合計／新しくなった自分の強み（　） 基本力がどこがあがった（　）			
	第三章　ノートを実践する			
	【売れる仕組みとチームワークを連動させる】			
	1　スタッフ別タイプを理解して「売れる」集団へ			
	2「仮説」を積み重ることで商売への自信へとつながる			
	3　チームの力を認識させる書くコミュニケーション			
	4　書くことでSV・店長の指導スキルが磨かれる			
	5　現場の情報は実は経営者が求めるものである			
	合計／新しくなった自分の強み（　） 基本力がどこがあがった（　）			
	第四章　ノートを通じて商売を学ぶ			
	【ノートの情報が武器となりスタッフが戦力化する】			
	1　検証を繰り返せる環境づくり			
	2　書いてふり返ることで「アタマ」を鍛える			
	3　接客の情報は固定客をつくるために活用しよう			
	4　売上数値では見えない顧客心理			
	合計／新しくなった自分の強み（　） 基本力がどこがあがった（　）			

全員経営の「4つの柱」

全員が同じ想いを集めれば、
　あなたのお店は**強く**なり
全員が想いを散すれば、
　あなたのお店は**弱く**なり
全員が強い想いを動かせば、
　あなたのお店は**繁盛店**になり
全員が想いを静すれば、
　あなたのお店は**衰退**するだろう

【あまりにも単純！　当たり前だが……現場で実行は難しい】

あとがき

―セブン-イレブンで教えてくれたこと―

セブン-イレブンのとあるお店を舞台にした『なぜ、セブン-イレブンで働くと「売れる人」になれるのか？』の物語は、ひとまずここまでとします。しかし、業界内で再編が加速する中、変化に対応し続けることで更なる進化・成長を続け、常に顧客の利便性を追求する挑戦的企業セブン-イレブンの現場で学べたからこそ、「不変のノート術」が誕生できたと私は確信と感謝の想いでいっぱいです。

私は、近畿大学でスポーツと経営を学び、その後はセブン-イレブンで勤務。創業30年目を体験することができました。そして、ローソンで勤務した後、現在の株式会社サーベイリサーチセンター所属のコンビニ研究家に至ります

それぞれの企業に強みがあり、どの企業も素晴らしい会社組織です。

セブン-イレブンでは、仮説思考・データ主義の鈴木敏文氏、ローソンでは、経営をチームで育てる新浪剛史氏、このコンビニ2社での貴重な経験があったからこそ、コンビニ研究家になるきっかけになりました。コンビニの企業組織を体験し、学べている私は「運」をもっているとあらためて思います。そんな中で、最初に「商売体験」をさせていただいた企業がセブン-イレブンでした。

一部上場企業ではあるが、サラリーマン意識では、業務を挑戦的に進めることは絶対にできません。現場にくるお客様に対してサービスを提供する以上は、常に挑戦的に業務を進めなければなりません。トップの鈴木氏から最初にいただいた言葉が、「基本の徹底」「変化への対応」「仮説」でした。それを現場で繰り返し行動することにより、理解することができました。

私は、鈴木氏の言葉にもっとも共感を覚えた社員のひとりであったと強く思っています。

だから、当時現場にあった「コミュニケーションノート」を見て、もし現場に鈴木氏がいたならこのノートをどのように進化させたのだろうか？ と常に考えていました。

やはり、そこにも「仮説思考」「常識の壁を破る発想」があったのです。

店長になり、ノートを本格的に活用するようになったことで、売場やお客様だけでなく、人材を客観的視点で見ることができるようになっていったのです。

それと、競合店調査を繰り返すことで「比較分析力」が身につきました。同業種・異業種を問わず高い業績をあげている店舗を観察して、その店舗の特徴や良い点を調べ、それを自店に取り入れ、業績向上づくりをするのも得意分野となっていきました。

全スタッフがノートを通じて商売を覚えることで、自店を定期的に観察することが自然とできるようになるのです。異業種で言えば、ユニクロ、マクドナルド、スターバックスなど話題の店をよく見ては、貪欲に自店に取り入れたものです。

余談ではありますが、ユニクロの柳井社長も店長時代にノートを活用していたそうです。ユニクロの幹部社員が使う門外不出のノートを『経営者になるためのノート』（ＰＨＰ研究所）として書籍化しているほどです。

セブン-イレブンの現場にある「商売の原点」については、多くのビジネスマンにとって参考になるビジネス思考ではないでしょうか。

毎回、お店に学びにいくつもりで〝買い物〟を積み重ねることにより、自分なりの「仮説」が生まれてくる。それこそが、あなた自身のビジネスチャンスになっていくのです。

進化を続けるコンビニを別の言い方に変えると、「日本人の生活にもっとも適したコンビニビジネス」であると言えます。若い世代、ミドル層、そしてシニア層にいたるまで全ての世代が毎日、便利に、買い物にいけるコンビニは、正しく「1億総コンビニ社会」と言っても過言ではありません。

そんなコンビニは多くの女性労働者の力にも支えられています。とくに子育てママは即戦力であり、主婦のパートさんの段取りの良さやコミュニケーション能力は非常に高いです。だからこそ、新人スタッフの新しい可能性や価値観とミックスすれば、とても強い店に成長するのです。それを経営層は、絶対に素直に認めるべきでしょう。

そこから、あきらめず現場教育を継続することで、「強さとコツ」が自然と生まれます。

労働人口不足に直面する日本では今、女性の労働力活用が叫ばれていますが、コンビニはもっとも最適な場所です。

本書はコンビニ業界・流通・小売業界で働く皆様、そして就職活動をする高校生、大学生からビジネスマンまでわかりやすく読める「アメリカ生まれ、日本育ちのコンビニビジネスを学べる1冊」です。

私の実家は決して大きな家ではなく、幼少期は家族4人でいつも同じ部屋で過ごし、毎日のできごとを話し合っていた。

柔道一筋だった学生時代は、ほとんど学習らしいこともしなかったし、どちらかと言うと雑草に近い存在だったと思います。でも、柔道で高いレベルを目指していた頃は、積み重ねるトレーニングが大好きなこともあり、「練習ノート」だけは高校から大学卒業までの7年間、唯一欠かさずに書き続けていました。

そのような書く習慣をもっていたので、素質に関係なく、コンビニ業界のスーパーバイザーやコンビニ研究家としてメディア出演・企業講演などもできるビジネスマンになれたのです。

そんな私の出発点は、実家の小さい商売から始まりました。そこで身近なお客様と触れ合ったことが貴重な経験になり、売れる楽しさを体験した「記憶」が今でも残っているほどです。

そんな大切なことを「商売を通じて教えてくれた親父」には、天国へ感謝の言葉を贈りたい。後で知ったのですが、商売についての本がものすごくたくさん棚に隠れていました。まさに日本人らしい勤勉さが出ている人だったのです。

頑固一徹で、仕事に厳しく雄弁で、それ以外は非常に無口であった商売人の親父と、おもてなし溢れるサービスと、さりげない笑顔を提供する母親。そして正しく地域密着型の小商圏商売を生で見てきた「普遍的な経験」が、今の自分の「商売魂」の根源なのかもしれません。親父には、感動と感謝する気持ちを与えてもらえたので、私は引き続き商売道を追求していきます。

そこにお店がある限り、そこに理由が必ずあるから。

最後に、私の自由でわがままな「現在」を支えてくれている妻と子供にも、この場をお借りして「ありがとう」と感謝の言葉を伝えたい。

これからも、顧客の立場でセブンイレブンを観察する商習慣は続けていくでしょう。

そこに、仮説から生まれた新しい価値がある限り。

田矢　信二

原宿の街にあるトランスワールドジャパン近くのオシャレ空間が発想を豊かにするコンビニのイートインコーナーより。

面談セルフチェックシート

店名　　　　　　　　　　　　　　　店

名前

第1回目		第2回目		第3回目	
面談実施日　　　／		面談実施日　　　／		面談実施日　　　／	
本人	オーナー	本人	オーナー	本人	オーナー

その次に、お客様を意識した接客ができるようにお客様の感情を読み取る意識をしましょう。 最終は、自ら考えて接客できる地域１番店と呼ばれる最高の接客人になることです。

そのためには、リーダースタッフ習得スキルのスリースターを目指しましょう！＊さらに、集団で事例を集めるためには商売人ノート（コミュニケーション・ノート）と連動して活用しましょう。

こころを掴む!! おもてなし接客サービス

自分の接客を理解して、固定客をつくりましょう

接客分類		確認内容
入店時のタイミング「いらっしゃいませ」の挨拶	1	お客様が入店されたら、「いらっしゃいませ」と言っている。
	2	お客様が入店されたら、お客様の方を向いてお出迎えしている。
	3	お客様が入店されたら、お客様の方を向いて「笑顔で挨拶」している。
	4	他のスタッフが「いらっしゃいませ」と言ったら、自分も続けて挨拶している。
オペレーション（作業）中の通路での挨拶	5	作業中でも、お客様に気配りしている。
	6	作業中でも、お声かけして場所を譲っている。
	7	通路ですれ違うときに「挨拶」している。
	8	通路ですれ違うときに「会釈」している。
	9	通路ですれ違うときに「笑顔で会釈」している。
レジ接客応対	10	お客様がレジにいたら「挨拶」している。
	11	お客様がレジにいたらおじぎをして「挨拶」している。
	12	お客様がレジにいたらアイコンタクトをして「挨拶」していてセールストークを実施している。
	13	レジにお客様が３名並んだら、もう片方のレジに誘導して「こちらのレジへどうぞ」と言っている。
温めたい商品の対応	14	商品を必ず、手で温度確認している。（特にシニア層のお客様）
釣銭・レシート	15	レシートを徹底して渡している。
	16	レシートと釣銭は、両手で添えて渡している。
レジ精算後のタイミング「ありがとうございました」の挨拶	17	レジ接客終了後「ありがとうございました。」と「挨拶」している。
	18	レジ接客終了後、さらに「おじぎ・挨拶」している。
	19	レジ接客終了後、さらに「おじぎ・笑顔で挨拶」している。
退店時のタイミング「ありがとうございました」の挨拶	20	お客様が退店される時に、「ありがとうございました」と「挨拶」している。
	21	さらに、お客様の方を向いて「ありがとうございました」と「挨拶」している。
	22	他のスタッフが「ありがとうございました。」と言ったら、自分も続けて「ありがとうございました。」と「挨拶」している。
		○の数合計
		評価ポイント（○数×22×100）

リーダースタッフ習得スキル

驚異のリピートセールスのためのセールストーク（スターランク制度）	☆	セールストークの徹底度が時間帯別シフト内でトップクラスである。
	☆☆	客層にあわせたセールストークが実戦できおすすめ商品が理解できている。
	☆☆☆	売り込み商品を売る力があり尚且つ接客においてスタッフ育成とプラス１品のセールスレベルが高い。

○こころを掴む接客をするためには、まず第一ステップとしてこの項目を習慣化させることが大切です。《○、×で記入しましょう》

日別セルフチェックシート

毎日の積み重ねは、
大切です。
記録して管理しましょう

早朝勤務者				平均	昼勤務者						平均	夕方勤務者				平均	深夜勤務者					平均	合計点

こころを掴む!! おもてなし接客サービス

お店全体の接客を理解して、ダントツ販売を達成しましょう

日付　　月　　日

接客分類		確認内容
入店時のタイミング「いらっしゃいませ」の挨拶	1	お客様が入店されたら、「いらっしゃいませ」と言っている。
	2	お客様が入店されたら、お客様の方を向いてお出迎えしている。
	3	お客様が入店されたら、お客様の方を向いて「笑顔で挨拶」している。
	4	他のスタッフが「いらっしゃいませ」と言ったら、自分も続けて挨拶している。
オペレーション（作業）中の通路での挨拶	5	作業中でも、お客様に気配りしている。
	6	作業中でも、お声かけして場所を譲っている。
	7	通路ですれ違うときに「挨拶」している。
	8	通路ですれ違うときに「会釈」している。
	9	通路ですれ違うときに「笑顔で会釈」している。
レジ接客応対	10	お客様がレジにいたら「挨拶」している。
	11	お客様がレジにいたらおじぎをして「挨拶」している。
	12	お客様がレジにいたらアイコンタクトをして「挨拶」していてセールストークを実施している。
	13	レジにお客様が３名並んだら、もう片方のレジに誘導して「こちらのレジへどうぞ」と言っている。
温めたい商品の対応	14	商品を必ず、手で温度確認している。（特にシニア層のお客様）
釣銭・レシート	15	レシートを徹底して渡している。
	16	レシートと釣銭は、両手で添えて渡している。
レジ精算後のタイミング「ありがとうございました」の挨拶	17	レジ接客終了後「ありがとうございました。」と「挨拶」している。
	18	レジ接客終了後、さらに「おじぎ・挨拶」している。
	19	レジ接客終了後、さらに「おじぎ・笑顔で挨拶」している。
退店時のタイミング「ありがとうございました」の挨拶	20	お客様が退店される時に、「ありがとうございました」と「挨拶」している。
	21	さらに、お客様の方を向いて「ありがとうございました」と「挨拶」している。
	22	他のスタッフが「ありがとうございました。」と言ったら、自分も続けて「ありがとうございました。」と「挨拶」している。
		○の数合計
		評価ポイント（○数×22×100）

リーダースタッフ習得スキル（目指すべき目標）

驚異のリピートセールスのためのセールストーク（スターランク制度）	☆	セールストークの徹底度が時間帯別シフト内でトップクラスである。
	☆☆	客層にあわせたセールストークが実戦できおすすめ商品が理解できている。
	☆☆☆	売り込み商品を売る力があり尚且つ接客においてスタッフ育成とプラス１品のセールスレベルが高い。

○時間帯別の接客の強み・弱みを把握することで、販売体制の強化ができます。全員を一覧で評価することは平等評価に繋がります。

小さな習慣は、やがて積み重なり
レガシー（企業遺産）へと変化していく。
コンビニは、最先端でありながら
「商売の原点」が現場には存在する！

【参考文献】

・『セブンイレブン創業30周年社史』
・緒方知行、田口香世（２０１４）『セブン‐イレブンだけがなぜ勝ち続けるのか』日本経済新聞出版社（日経ビジネス人文庫）
・勝見明（２００５）『セブン‐イレブンの16歳からの経営学　鈴木敏文が教える「ほんとう」の仕事』宝島社（宝島社文庫）

田矢 信二（たや・しんじ）／コンビニ研究家

セブン-イレブンとローソンでの現場経験を活かし、「出店調査・顧客満足度＆従業員満足度調査・インバウンド調査」等に関わり、企業講演・セミナーなどにも呼ばれる。最近では、中国の企業やコンビニ、大手コンビニが集まったコンビニ業界特化型セミナーなどで講演。独自の情報をブログで発信。その口コミが評判で、テレビ・ラジオなどにメディア出演。代表著書『ローソン流 アルバイトが商売人に育つ勉強会』。様々な調査を現場主義で貫く調査徹底企業の株式会社サーベイリサーチセンター所属。

番組出演・講演・執筆のご連絡先
e-mail : cvsgosoudan888@yahoo.co.jp
Facebook・Twitter・Instagram もやっています！

本書は、2014年7月に小社より発刊された『セブン-イレブン流 98％のアルバイトが「商売人」に変わるノート』を改題し、加筆・修正したものです。

セブン-イレブンで働くとどうして
「売れる人」になれるんですか?

2017年10月28日　初版第1刷

著　　　　者　田矢信二
装丁･DTPデザイン　塚原周三（SECRET POINT GRAPHICS）
写　　　　真　髙橋妙子
カバーモデル　松岡美沙（agua）
編 集 協 力　岸波 徹
編 集 担 当　辻田久実乃、岡田タカシ、喜多布由子
営 業 担 当　田中大輔、斎藤弘光、工藤郁美
発　行　者　佐野 裕
発　行　所　トランスワールドジャパン株式会社
〒150-0001 東京都渋谷区神宮前6-34-15 モンタ一ナビル
Tel. 03-5778-8599 / Fax. 03-5778-8743

印刷･製本　中央精版印刷株式会社

ISBN 978-4-86256-216-6

Printed in Japan
©Shinji Taya, Transworld Japan Inc. 2017

◎定価はカバーに表示されています。
◎本書の全部または一部を、著作権法で認められた範囲を超えて
無断で複写、複製、転載、あるいはデジタル化を禁じます。
◎乱丁・落丁本は小社送料負担にてお取り替え致します。